MAIS QU'EST-CE QU'ON VA FAIRE DE TOI ?

MICHEL DRUCKER
Avec la collaboration de
Jean-François Kervéan

MAIS QU'EST-CE QU'ON VA FAIRE DE TOI ?

ROBERT LAFFONT

ISBN 978-2-221-10678-5

À mon frère Jean

Avant-propos

J'aurais aimé écrire ce livre seul. Mais, compte tenu de ma vie d'homme de télévision, il m'aurait fallu m'arrêter plusieurs mois, voire une saison... Prendre cette fameuse année sabbatique qu'on ne prend jamais. J'aurais pu attendre aussi l'heure de la retraite pour faire le classique livre de fin de vie, qui n'aurait rien dit à toute une génération. Des mémoires d'ancien combattant de la télé rédigés entre deux promenades avec son chien, trois mots fléchés, en attendant le journal télévisé régional. Autant dire que ce livre n'aurait pas vu le jour car j'ai décidé – si possible et si les téléspectateurs me le permettent – de ne jamais prendre ma retraite. Mon père a exercé son beau métier de médecin de campagne jusqu'à l'âge de quatre-vingts ans, j'aimerais en faire autant.

Ne pouvant mettre en sommeil mes activités, j'ai donc pensé écrire ce livre à quatre mains. J'ai alors demandé à Jean-François Kervéan, qui me connaît bien, de m'aider à naviguer dans une somme de souvenirs considérable. Nous nous sommes vus régulièrement, pendant plus d'un an, à Paris aussi bien qu'en province. Profitant d'une immobilité partielle de plusieurs mois due à une triple fracture du talon en septembre 2006, je me suis même de plus en plus investi dans notre aventure.

Ce livre n'est pas une autobiographie au sens classique et chronologique du terme. Il correspond à mon envie de vouloir raconter dès à présent quelques moments importants de ma vie d'homme et de ma carrière commencée en 1964.

Au début de notre collaboration, il s'agissait surtout d'exprimer ce que je n'avais encore jamais dit, notamment sur mon enfance et les premières années de ma vie professionnelle. Jean-François Kervéan a eu la lourde tâche de remonter le temps avec moi. Évoquer l'enfance, l'adolescence et mes débuts était douloureux parce que j'ai été élevé dans un milieu de pudeur, de décence et de discrétion. Dans notre monde où il est devenu banal d'ouvrir les placards, les tiroirs et de regarder par le trou de la serrure, j'ai avancé à petits pas et je remercie Jean-François d'avoir compris que les révélations ne sont pas le genre de la maison. Si pendant une grande partie de cette traversée j'ai eu besoin d'une bouée, peu à peu, prenant goût à l'exercice, j'ai eu aussi l'envie de nager seul.

Le titre de ce livre est une question que ma famille, mon père en particulier, n'a cessé de me répéter durant toute ma jeunesse au point qu'elle m'est restée une hantise. Avec ces trois cent vingt pages, j'espère la faire définitivement disparaître de ma mémoire.

En cours de route, j'ai voulu m'arrêter longuement sur certains événements de l'année écoulée, notamment l'élection présidentielle, à travers mon émission « Vivement dimanche ». Une prochaine fois, je reviendrai sur d'autres hommes et femmes politiques, sur d'autres artistes aussi qui ont jalonné ma vie. Raconter quarante-trois ans de télévision sans oublier personne n'était hélas pas possible. Mais ce premier essai m'a donné envie de poursuivre le récit. Ma carrière d'auteur ne fait que commencer !

Vire

Le nom, rien que le nom de cette ville évoque pour moi une certaine nostalgie et un mal d'être. Ce malaise qui a accompagné ma jeunesse m'étreint encore parfois aujourd'hui. Vire : sous-préfecture du Calvados, six mille habitants à l'époque, bordée par la Manche et l'Orne, non loin de la Bretagne, en plein bocage normand. Ce lieu résonne toujours aussi fort en moi : les odeurs, la pluie si fréquente dans cette partie de la Basse-Normandie, la gare, mais surtout le ciel, gris. Mes quinze premières années m'ont paru une éternité.

Mon père a posé ses valises ici en 1947-1948, après trois ans de captivité entre les camps de Drancy et de Compiègne. Il était médecin, médecin de famille à l'ancienne comme il n'en n'existe peut-être plus – et il le fut jusqu'à sa mort, le 9 août 1983. Avec ma mère, il arrivait de loin, des confins de l'Empire austro-hongrois, de Czernowitz, devenue Tchernovtsy, capitale de la Bucovine, qui fut turque avant de devenir autrichienne puis roumaine, puis russe. Aujourd'hui, c'est en Ukraine, et je rêve d'aller voir un jour d'où je viens.

À Vire, juste après la guerre, s'installa donc une famille roumaine et autrichienne d'origine juive, Lola Schafler et Abraham Drucker. Comme tous les parents de cette génération, les miens n'avaient qu'un rêve : que leurs enfants fassent mieux qu'eux. Mon père voulait des fils diplômés, médecins comme lui, hauts fonctionnaires, grands commis de l'État... ou, pourquoi pas ? musiciens, hommes de plume. Nous étions trois, les trois fils Drucker. L'aîné, Jean, serait évidemment préfet – au pire sous-préfet –, Jacques, le benjamin, deviendrait un grand médecin, quant à moi... Pendant toute mon adolescence, je ferai office de bon à rien, sous le joug d'une interrogation permanente : « Mais qu'est-ce qu'on va faire de toi ? »

On ne peut pas imaginer la pression qu'exerça mon père concernant notre avenir. Les études, les diplômes, rien d'autre n'a compté. Rien d'autre n'a existé. Mes frères et moi, chacun à notre façon, nous nous sommes battus contre cette obsession paternelle. Pour mon père, ses fils devaient représenter des compétences, des résultats, en un mot de l'excellence. Après une année de médecine, entreprise sans conviction pour le satisfaire, Jean, obéissant, optera pour les sciences politiques, avant l'ENA. Le Dr Drucker en fut très fier. Mais je ne suis pas certain que mon grand frère ait été si heureux d'avoir suivi cette voie, surtout à la fin de sa vie. Sortir de l'ENA signifie souvent devenir un homme de pouvoir, fasciné par la politique. Ce n'était pas le cas de Jean, plus proche des saltimbanques qu'on ne l'imagine. Ceux qui l'ont connu à travers ses trente-cinq années dans l'audiovisuel pourraient en témoigner.

C'est Jacques, le plus jeune, qui finalement reprendra le flambeau d'Hippocrate. Interne des hôpitaux, pédiatre de formation, il est aujourd'hui conseiller scientifique auprès de l'ambassade de France à Washington. Voilà trente ans, il a fait partie, au côté du professeur Philippe Maupas, de l'équipe qui découvrit le vaccin contre l'hépatite B.

Au fond, c'est moi qui aurais dû devenir médecin de campagne. Plus tard, mon père a dit que j'avais toutes les qualités pour porter sa sacoche de cuir noir avec le stéthoscope, le bracelet à tension et aller de ferme en ferme soigner les petites gens, qu'ils soient ouvriers ou paysans dans cette Basse-Normandie de Balzac et de Maupassant. J'aurais tellement aimé, mais je n'ai pas pu. Cinquante ans après, j'en éprouve encore des regrets.

Jeudi 29 juin 2006.
Vol en hélicoptère
Écureuil 350.B2.
11 h 10

En quittant l'héliport d'Issy-les-Moulineaux, je savais que je ne décollais pas pour un voyage ordinaire. Je ne suis presque jamais revenu à Vire car je l'ai toujours redouté. Mais chaque fois qu'il m'arrive d'effectuer un vol en direction des plages de mon enfance, du côté de Granville et de la Bretagne, je ne résiste pas à l'envie de changer de cap pour survoler la ville de ma jeunesse. Chaque fois, même de très haut, en n'étant qu'un point dans le ciel, la même émotion m'envahit et mon pouls s'accélère. Depuis bientôt quinze ans, Jean-Yves Cousin, le maire de Vire, me dit qu'un jour il posera une plaque commémorative sur l'un des murs de l'hôpital en l'honneur de mon père. Ce jour est venu.

À dix minutes de l'atterrissage, à cinq cents mètres d'altitude, une fois amorcée la descente vers cette cuvette au fond de laquelle j'aperçois déjà la ville, mon pilotage devient moins sûr et, par sécurité, je passe les commandes à mon complice Franck Arrestier – je ne pilote jamais seul, c'est une promesse que j'ai faite à ma femme il y a quinze ans. Je lui demande d'effectuer un tour à basse altitude sur Vire. Au fil des années, la vue d'un pilote d'hélicoptère devient celle d'un aigle. D'un regard, on identifie un monument, une toiture, une cheminée d'usine, autant de repères importants qui font partie de la navigation. La place de la Gare me saute aux yeux, si petite, avec la ligne du chemin de fer Granville-Paris et ses rails brillants – enfant, je rêvais qu'il m'emporte. Je vois les deux maisons de mon enfance, la première, modeste, place de la Gare et, deux cents mètres plus loin, la seconde, plus bourgeoise, avec sa vigne vierge. Un coup d'œil furtif sur la Porte Horloge, le monument qui domine la ville, et déjà nous piquons sur le stade, ce stade où je rêvais d'être Raymond Kopa et Just Fontaine, les Zidane et Henry des années 1950. Vire, en grande partie détruite par les bombardements du Débarquement, comme tant de villes normandes, s'est rebâtie avec moi durant les dix premières années de ma vie. Là-haut trône toujours le collège Émile-Maupas – où j'ai découvert cette maladie qui ne devait plus jamais me quitter : l'anxiété.

La Porte Horloge revient dans notre champ de vision, avec son immense cadran circulaire. Quand j'étais gamin, la nuit, avec des copains, nous nous amusions à en avancer les aiguilles d'une heure. L'hélico se pose sur le stade Pierre-Compte, ma gorge se serre. Il est midi. Je vais rester deux heures et demie à Vire. Deux heures et demie noué par l'émotion mais personne n'en verra rien. Quarante années de métier public m'ont appris à ne rien laisser paraître.

En voiture, nous longeons le quartier de la gare qui n'a pas beaucoup changé, avec le même passage à niveau entre nos deux maisons. Chaque artère, chaque façade m'est familière. Dans le centre-ville il y a du monde, un spectacle de rue donné par de jeunes musiciens. Le maire me propose de les saluer. Je suis ailleurs. Par-dessus leurs têtes, mes yeux se lèvent encore vers la Porte Horloge, au sommet de cette avenue de la Gare que j'ai grimpée tant de fois pour aller au lycée. En vain je cherche le marchand de cycles qui, chaque jour de juillet, notait au blanc d'Espagne sur sa vitrine le gagnant de l'étape du Tour. Après les cours nous nous précipitions pour découvrir le nom du vainqueur de l'étape et le classement. Des jeunes me sourient. Je leur réponds dans une sorte de brouillard. Je ne veux pas m'éloigner de ma nièce Léa, venue représenter son père Jacques, resté aux États-Unis. Marie, la fille de Jean, est elle aussi absente, retenue à

Paris pour son JT sur France 3. Mes amis d'enfance Gérard Goldblum et son épouse Roberte nous accompagnent. Leurs parents, originaires d'Europe centrale, étaient les meilleurs amis des miens ; ils sont, en quelque sorte, la seule famille qui me reste avec mon cousin Martin, brillant informaticien qui vit aux États-Unis. Un millier de personnes environ se sont rassemblées devant l'hôpital pour dévoiler la plaque au nom d'Abraham Drucker. La seconde femme de mon père, Jacqueline, très émue, est présente. J'improvise quelques mots. Puis ce sera au tour de Léa de lire un message de Jacques. Je sens toujours ce brouillard, cette tension au fond de moi. Tout est blanc, lisse, ultramoderne, on me promène de chambre en chambre auprès des malades. C'est comme si j'étais mon père. Je croise des hommes et des femmes de ma génération qu'il a soignés, et dont les parents étaient déjà ses patients. Certains s'approchent en chuchotant « votre père m'a guéri », « il a mis au monde ma fille... mon fils... mon frère... ». « Votre père m'a mis au monde », cette phrase me bouleverse. Tel un automate je poursuis la visite. Chaque chambre est équipée d'un téléviseur. Soudain la porte s'ouvre et les malades voient Michel Drucker sortir de l'écran. Je sens leur trouble comme ils perçoivent le mien. À cet instant particulier de ma vie, pourtant, je ne suis plus Michel Drucker, je suis le petit Michel, le fils du bon docteur Drucker. La télévision se confond avec mon père, tout se mêle, mon père et la télévision, le petit Michel et M. Drucker. Les images se brouillent, je ne me sens pas bien, mais nul ne s'en aperçoit. Derrière moi, des bribes de conversation résonnent – « j'ai bien connu son papa ». Sur les conseils du maire, j'ai apporté quelques photos. Je les dédicace à l'endroit où mon père signait ses ordonnances. Un cliché pris sur le plateau de « Vivement dimanche », sur cette banquette rouge où j'ai toujours voulu, inconsciemment, perpétuer sa mission.

Ouest-France, Radio-Vire FM, le journal *La Voix du Bocage*, les photographes... Un vin d'honneur est servi dans la chapelle de l'hôpital. Les notables remplacent les patients. Ensuite, une dernière fois, je veux revoir la plaque.

Bâtiment Abraham Drucker
Né en 1903, décédé en 1983
(inauguré le 29 juin 2006)
Interné à Compiègne et à Drancy
Médecin au sanatorium de Saint-Sever
(1937-1947)
Médecin généraliste à Neuville-Vire
Médecin-chef au centre hospitalier de Vire
Officier de la Légion d'honneur

Je pense à toi qui sans t'en rendre compte m'auras terrorisé durant toute ma jeunesse. Si j'avais repris ton cabinet, je serais peut-être ici, à Vire, au bord de la retraite, comme toi il y a vingt-trois ans. J'aurais mon service à l'hôpital. J'aurais soigné et mis au monde plusieurs générations de Normands. Quelle existence aurait été la mienne si j'avais réussi mes études ? si j'avais pu exercer ? En improvisant mon discours tout à l'heure, je me rappelle avoir dit : « S'il nous voit aujourd'hui, j'espère que mon père est content. Ne disait-il pas, à la fin de sa vie : "Michel et moi, nous faisons le même métier" ? »

Lui et moi avons fini par nous rejoindre. Peut-être trop tard, peut-être aurait-il dû m'encourager plus souvent. Je me souviens de toutes les fois où il me regardait, enfant, avant de soupirer : « Mais qu'est-ce qu'on va faire de toi ? »

Dans les dernières années de sa vie, j'ai su, enfin, par ses anciens malades, qu'il se disait fier de moi. Des années 1970 jusqu'à sa mort en 1983, quand Abraham Drucker visitait ses patients, le dimanche après-midi, il s'exclamait : « Michel, en ce moment, il consulte, comme moi ! »

Les gens ont souvent du mal à croire qu'un homme public puisse être parti de rien. Pourtant j'ai quitté Vire avec un sac vide. Je me suis arraché au sentiment d'échec qui aurait pu briser ma vie. Ensuite, par miracle et par un effort surhumain, je me suis sauvé de la noyade et j'ai refait surface. Chaque mot que je prononce, est-ce que mon père l'entend ?

L'étang de Saint-Sever

Je quitte Vire à 14 h 30 pour un rendez-vous professionnel à Paris. Dans le bruit du rotor, le souffle de l'hélice couchant les brins d'herbe, je m'arrache au stade de mon enfance pour prendre de l'altitude. Je demande à mon copilote de faire un crochet au-dessus d'un étang à six kilomètres en direction de Granville. L'étang de Saint-Sever, ce bourg où mon père fut arrêté en 1942 sur dénonciation. Entre les arbres, l'étang n'a pas bougé, je le verrai jusqu'à mon dernier jour. Mon père aimait y venir pêcher la truite. Au bord de l'eau, étrangement, il retrouvait le calme et devenait un autre homme. L'hélicoptère stationne au-dessus du plan d'eau. Brusquement, comme dans un flash, je vois deux silhouettes émerger le long des berges. Un homme et un gosse, dans les années 1950. Lui, grand et sec, un peu voûté, parlant avec ses mains, et moi, tétanisé, les yeux baissés sur mes chaussures. Souvent le soir, vers 19 heures, une fois ses visites achevées, sa quatre chevaux s'immobilisait au bord de l'étang. Mauvais présage. L'heure du sermon sonnait. « Viens, on va marcher », me disait-il. Été, automne, hiver, nous marchions, entre deux de ses quintes de toux. Tant d'années après, cette toux pleine d'impatience et de colère résonne encore dans ma mémoire. Avec son débit saccadé, mon père me bombardait des mêmes reproches, des mêmes angoisses sur mon avenir. De retour à la maison, à la pâleur de mon visage et à mon air apeuré, ma mère devinait d'où nous revenions : une fois de plus, la halte au bord de l'étang signait la conclusion cauchemardesque de ma journée d'écolier.

Pourtant, quand tout va bien, j'aime être auprès de mon père, marcher avec lui au bord de l'eau dans le silence. Si seulement ne revenait pas toujours cet instant où il me dit : « Michou, qu'est-ce qu'on va faire de toi ? » Cette phrase a été ma croix. Il n'y a pas eu une promenade sans qu'il la prononce, sans que je sache qu'elle allait tomber, ruinant mon bonheur d'être avec lui.

« Tu as fait tes exercices aujourd'hui, tu as compris la leçon ? » Ses mains s'agitent, son front se barre de rides soucieuses. « Michel, écoute, écoute-moi bien... Qu'est-ce que tu vas devenir avec un tel bulletin ? »

Parfois, je l'accompagne dans sa tournée. À force de le regarder et malgré ma nullité scolaire, soigner les gens va devenir pour moi le seul métier envisageable, la seule activité qui me paraisse utile, juste, évidente, belle. Soigner.

Mon père a beau conduire mal, comme tous les grands nerveux (j'ai, paraît-il, hérité de lui), j'ai beau avoir mal au cœur, j'adore l'accompagner. Être là, avec lui. Il ne passe jamais la quatrième vitesse, grille Gitane sur Gitane, l'odeur du tabac, du moteur qui chauffe et des médicaments me soulève le cœur, mais je ne bronche pas. Mon père n'a que faire de ma nausée, il continue à parler, parler, secoué par les cahots, cramponné au volant de sa quatre chevaux – voiture star de l'époque, qui cinquante ans après déclenche toujours chez moi des palpitations.

Je n'étais pas aveugle. Je voyais bien que je n'avais pas ma place dans l'idéal parental. Puisque toute conversation à mon sujet ne pouvait que mal tourner, je préférais écouter et observer dans mon coin. En voiture, je finissais par fermer les yeux. Aujourd'hui, si je les ferme, en un instant reviennent ces odeurs de pharmacie, de cour de ferme et de cidre bouché. « Vous prendrez bien un coup de cidre, docteur, avant de repartir ? » L'odeur des vaches, du bon beurre salé des vacances, et l'écho caverneux des quintes de mon père. Ma mémoire est intacte. Les Kleenex® n'existaient pas à l'époque, il roulait ses grands mouchoirs de coton, en boule, dans sa manche ou dans ses poches. C'était un médecin particulier, le seul que j'aie vu engueuler ses malades. Il les terrorisait « pour leur bien », comme nous. Et eux l'adoraient, comme nous. Il voulait les informer, les instruire, les faire voter à gauche. Il vénérait le Front populaire, la SFIO. Il admirait Mendès France. Il n'aurait pas pardonné à Mitterrand ses relations avec Bousquet et je n'ose imaginer ce qu'il aurait dit s'il avait été encore de ce monde quand l'ancien président m'a remis la Légion d'honneur. En revanche, je suis certain qu'il se serait fendu d'une lettre à Jacques Chirac pour le remercier d'avoir été le premier chef de l'État à condamner le rôle de la police française sous l'Occupation, et sa responsabilité dans la rafle du Vél' d'hiv'. Sans doute l'aurait-il félicité aussi pour avoir dénoncé le premier les injustices de la colonisation ou demandé au gouvernement turc de reconnaître enfin le génocide arménien. Abraham Drucker aurait été indulgent pour Chirac et sévère avec Mitterrand. Au volant, quand nous rentrions de ses visites, il me parlait déjà de l'Histoire, des grands et des petits, des nantis et de ceux qui souffrent, en concluant, évidemment, par la nécessité d'avoir des diplômes. Moi, l'estomac en vrac, ballotté, fatigué, je finissais par gémir d'une voix blanche : « Papa, arrête-toi, j'ai envie de dégobiller. » Il ne m'entendait pas.

Et puis enfin il tournait la tête, les sourcils froncés, stoppant net la voiture le temps que j'aille vomir derrière un arbre.

De retour à la maison, j'étais livide, exsangue, mais fier de ce moment. J'aimais tant être avec lui. Je l'aimais.

Mais qu'est-ce qu'on va faire de toi ?

Sa haute silhouette s'estompe le long de la berge. L'hélicoptère reprend de l'altitude, bientôt l'étang de Saint-Sever ne sera plus qu'une tête d'épingle au milieu de la forêt. Tout à l'heure, en décollant du stade de Vire, je me suis dit que je ne reviendrai jamais.

Se sauver

À sept ou huit ans, mon bonheur est de m'arrêter devant le marchand de cycles pour savoir si Hugo Koblet, Charly Gaul ou Louison Bobet vont gagner le Tour de France. Pour la première fois j'entends Brassens chanter *Les Amoureux des bancs publics.* À quinze ans, j'irai l'applaudir à Caen, comme Raymond Devos, dont le premier spectacle, *Les Pupitres,* m'émerveille (j'en parlerai avec lui bien des années plus tard). En cette année 1957, c'est mon ami Jean-Pierre Trautvetter qui éveille en moi le goût des artistes. Il nous fait envie, parce qu'au fond de la résidence secondaire de ses parents, sur la plage de Kairon, près de Granville, il possède un cabanon où il reçoit des filles en cachette. C'est à deux pas de cette plage que se tournera à mon insu *Le Blé en herbe* avec Edwige Feuillère.

Mais aucune chanson, aucune distraction ne peut me détourner d'une certitude : il faut que je bouge. Je ne sens rien, sauf ce besoin : partir, se sauver. Quelque chose ne fonctionne pas. Je n'arrive pas à apprendre. Je ne m'attache à aucun professeur et aucun ne s'attache à moi, je suis un « gentil garçon », « sympathique mais inapte », avec un « bon fonds », « dénué de toute faculté de concentration ».

Chaque matin, depuis la maison de mon père, je vois arriver le Paris-Granville, chaque soir je le vois repasser. Je sais qu'un jour je monterai dans ce train, et que je ne reviendrai pas. Bouclé dans ma chambre pour faire mes devoirs, je suis irrésistiblement attiré à la fenêtre quand la locomotive arrive. Et je reste là, immobile, à la regarder, terrorisé à l'idée d'entendre mon père grimper quatre à quatre l'escalier. De le voir entrer en coup de vent, sans patience, et lancer : « Tu en es où de tes devoirs ? Qu'est-ce que tu fabriques à la fenêtre ? »

Toutes les stations de cette ligne Granville-Paris sonnent comme des synonymes de liberté. Moi qui ne retiens rien, je connais son itinéraire sur le bout des doigts : Folligny, Villedieu-les-Poêles, Argentan, L'Aigle... Il lui faut trois heures et demie pour rejoindre Paris. Ce tortillard est mon avenir, je le sais. Ici, rien à espérer. Je ne parviendrai jamais à devenir médecin.

En famille, j'arrête de respirer, je préférerais avoir disparu. Dehors, en revanche, je revis avec mes copains, en ville je passe mon temps à courir les filles et les terrains de foot. Dès qu'il s'agit de sport, ma mémoire fonctionne à merveille, j'imprime le nom de tous les joueurs du Stade de

Reims et du Racing Club de Paris, le palmarès de Fausto Coppi, de Jean Robic et de Jacques Anquetil. Les stars de la radio sont mes compagnons : André Bourillon sur Radio-Luxembourg, Georges Briquet, plus tard Fernand Choisel et Jacques Forestier, les deux ténors d'Europe 1. Quand mon père est là, sa tyrannie écrase la maison, mais heureusement, ses malades l'accaparent. Accouchements, pneumonies, angines le réclament à n'importe quelle heure. Je l'entends encore partir en trombe la nuit à travers la campagne. Il est le médecin le plus populaire et le plus aimé de la région. Celui qui soigne les pauvres sans se faire payer, celui qui intime à chaque enfant de réussir dans ses études.

À la maison, mon frère Jean, l'aîné, a un caractère bien trempé, il est le seul à résister, le seul à oser s'opposer à mon père autour du repas familial, notamment sur les questions politiques. Moi je ne moufte pas. Pendant qu'ils se chamaillent furieusement sur de Gaulle, l'Algérie, Guy Mollet, Cuba ou le Goulag, au moins j'ai la paix : toute la famille oublie mon carnet de notes...

Jean, brillant sujet, a tout pour lui. Grand, beau, le cheveu noir, l'œil profond, il ressemble à la fois à Anthony Perkins et à Jean-Claude Brialy. En ville, les filles se retournent sur son passage. Il porte les duffle-coats et les blazers neufs très chic dont j'hérite deux ans plus tard, en bon cadet. Dans les familles bourgeoises qui ne roulent pas sur l'or, c'est l'aîné qui porte les fringues neuves. Premier prix, premier blazer, première voiture. Premier en tout, il me bat aux billes et joue même mieux que moi au foot ! Tout en me protégeant, Jean m'écrase, malgré lui, de son succès, de son charisme. Le malaise de ma jeunesse m'aura même coupé de mes frères. Personne ne comprend comment je peux être un cancre dans une famille où les études comptent tellement. Et je reste seul face aux colères de mon père.

Enfant, je ne pouvais pas comprendre d'où venaient son tourment, son emportement ; aujourd'hui, je connais mieux son passé, dont il ne nous parlait jamais. Sa fureur, son anxiété, sa mauvaise santé n'avaient rien à voir avec nous, elles venaient des trente-six mois de captivité entre Compiègne et Drancy, où par miracle il avait échappé aux wagons plombés.

En 1960, je serai appelé à Compiègne, au camp de Royallieu, pour effectuer mon service militaire. Dans le même camp, le même baraquement dans lequel mon père avait été interné un an et demi, près de la gare de triage d'où partaient les trains pour Auschwitz. Quand il a vu ma feuille de route, j'ai compris qu'il ne viendrait jamais me voir là-bas. Trop blessé par sa guerre. Caractériel, colérique, généreux, gueulard, séducteur, avec ma mère il formait un couple sonore, comme dirait Galabru. L'âme slave et sa captivité n'ont rien arrangé. Mon père en est rentré déglingué, angoissé à jamais. Là-bas, il a soigné des juifs, des Tziganes, des communistes, à la demande des Allemands – il parlait leur langue. Il a pu en sauver quelques-uns, dont Tristan Bernard, en falsifiant des ordonnances qui leur évitaient les camps dont si peu sont revenus. (J'ai appris plus tard que Tristan Bernard était le grand-oncle de Francis Veber, le brillant auteur et metteur en scène de comédie – *Le Dîner de cons*, c'est lui.) Elle provenait probablement de là, l'éternelle colère de mon père. La plupart des déportés ayant réchappé à la chambre à gaz ont souffert d'avoir sauvé leur peau mais pas celle de leurs copains. De ça non plus il ne m'a jamais parlé, mais Abraham Drucker avait sans doute la culpabilité du juif survivant. Après la guerre, il a entièrement dirigé sa vie vers ses malades et la réussite de ses fils. Pour lui, étudier était l'unique moyen d'intégration, la seule façon de découdre l'étoile jaune. Ce laïc ne nous a pas élevés comme des petits juifs. Il considérait, comme beaucoup de Français d'origine juive à l'époque, qu'après avoir porté l'étoile il ne fallait pas la ramener. Et il nous a fait baptiser, tous les trois, Jeannot, Michou et Jacky, contre l'avis de ma mère. Pendant des années ce baptême a suscité des engueulades à travers la maison. Ma mère a toujours soutenu Israël, presque aveuglément, face à un mari et à des enfants beaucoup moins sionistes qu'elle. Longtemps, sous le prétexte de la raisonner, nous la provoquions avec une phrase qui suffisait à la mettre en rage : « Mais, maman, les

Palestiniens eux aussi ont droit à une terre ! » Alors, levant les mains au ciel, elle s'écriait : « Ah, ne commencez pas ! » Chez nous, je ne me souviens pas d'un sujet qui ne soit pas devenu dans les cinq minutes une source de conflit. Ma mère faisait tout pour rétablir le calme. Mon père et Jean jetaient de l'huile sur le feu.

Ce n'est pas que papa ait été mal intentionné – je l'aimais autant qu'il m'aimait –, il était juste épuisant. Il me crevait. Il a failli m'épuiser pour la vie.

Deux familles de Justes

Vire. Ciel gris. Granville au sud, plus au nord les plages du Débarquement : dix-sept degrés au mois d'août, ici c'est la Manche.

Mon père fut arrêté dans ce département durant l'hiver 1942, à Saint-Sever, tout près de l'étang des sermons, à six kilomètres de Vire, dénoncé à la Gestapo par une belle âme. Pendant trois ans nous l'attendrons, cachés à Plémet, entre Rennes et Saint-Brieuc, un petit village des Côtes-du-Nord devenues depuis Côtes-d'Armor.

Ma mère me porte dans son ventre, Jean a seulement un an. Nous sommes protégés par la famille Faget, dont le père, Jacques Faget, dirige le sanatorium. Nos familles se sont connues à Saint-Sever où le bon docteur Faget soignait déjà la tuberculose. Je n'ai rien oublié de ce village où je suis retourné durant toute mon enfance jusqu'à l'âge de seize ans. Plémet, pour moi, c'est aussi la famille Le Lay. Le Lay, comme le nom de l'ex-président de TF1, car c'est bien de sa famille qu'il s'agit. Jean, le père de Patrick Le Lay, a joué un rôle considérable dans le destin de la famille Drucker : sans lui, je ne serais tout simplement pas là à écrire ces lignes. Et je préfère laisser à mon ami Patrick le soin de raconter lui-même ce qui s'est passé en ce jour de 1942 sur un quai de gare, comme il l'a fait dans le magazine *Breton.*

« ... Pendant la guerre, le docteur Abraham Drucker fut arrêté par les Allemands, en Normandie, sur dénonciation. Sa famille s'est réfugiée dans le petit village de Plémet où mon oncle était vétérinaire et où mes parents, qui habitaient Rennes, venaient souvent. M. Drucker, le père de Michel, était médecin. Quand la guerre est arrivée, il a bien entendu eu peur pour sa famille. À Plémet, le docteur Faget dirigeait le sanatorium. Mme Drucker est venue se réfugier en Bretagne – Jean avait un an et elle était enceinte de Michel. Elle n'avait pas de papiers, pas d'*Ausweiss.* Mon père s'est proposé d'aller les chercher à la gare de Rennes car il parlait très bien allemand. Il pensait sortir sans encombre de la gare avec Mme Drucker mais la *Feldgendarmerie* les a interpellés. Mon père a réagi en disant : “Écoutez, c'est ma femme.” Quand vous commencez à vous enfoncer dans un mensonge, c'est difficile d'en sortir. Tous les trois ont été emmenés au poste. Mon père a plaidé sa cause : “Mon épouse n'a pas ses papiers, mais vous comprenez elle est enceinte, avec un enfant sur les bras." Un jeune lieutenant est arrivé. Ce jeune officier était un intellectuel, un littéraire. Avec mon père, ils ont commencé à discuter de Goethe, de Schiller. Mon père a senti que le problème allait se résoudre et, en effet, au bout de vingt minutes, il a demandé : "Je peux avoir un peu de lait ou un peu d'eau pour ma femme et mon enfant ?" L'officier a même engueulé les *Feldwebels* et s'est excusé avant de les laisser partir. Ensuite, ils se sont cachés à Plémet. Mme Drucker mère m'a dit plus tard qu'elle considérait que mon père avait sauvé sa vie et celle de ses enfants. »

Quarante ans plus tard, lorsque Patrick Le Lay a voulu m'engager sur TF1, notre première conversation nous a ramenés à Plémet, où sans le savoir nous avions dû nous croiser lors de chacune des vacances jusqu'à l'âge de quinze ans. Nous ne nous étions jamais rencontrés. Cet épisode exceptionnel nous a liés immédiatement et à jamais, notre amitié a dépassé depuis bien longtemps les frontières de la concurrence télévisuelle. Il nous est arrivé de partir tous les deux en pèlerinage sur la tombe de ses parents qui reposent au petit cimetière de Plémet. J'ai beaucoup pensé à eux et à la famille Faget lorsque Jacques Chirac décida de rendre hommage aux Justes et à tous ceux qui risquèrent leur vie pour quelques familles juives. Que se serait-il passé si l'officier allemand avait découvert que Lola Drucker n'était pas l'épouse de Pierre Le Lay ?

J'ai beaucoup d'affection pour Patrick Le Lay. Derrière son visage granitique – sa mère était irlandaise – se cache un homme secret et émouvant. Son réconfort permanent lorsque mon frère Jean – le petit garçon de Plémet – disparut voilà quatre ans me fut d'un grand secours. Le Lay signifie pour moi la fidélité.

Mal partout

1954, j'ai douze ans, beaucoup de copains et surtout de copines. La grand-mère de l'un d'eux – Maurice Talbot – est directrice du lycée de filles, ce qui présente nombre d'avantages. J'aime les filles, quand elles sont gentilles, de préférence mauvaises élèves, et pas forcément physiquement spectaculaires, ce qui me rassure. Avec elles je n'ai pas besoin de mon carnet de notes comme passeport... Les délaissées des surboums sont mes cibles favorites, avec elles j'ai enfin l'impression d'être doué. Je déteste les petites bourgeoises aux jupes plissées, col Claudine et chignon, fortes en thème et méprisantes. Je les laisse à mon frère Jean. Mon « cas » désespère toujours mes parents. Je ne fous rien. Je traîne définitivement avec les gosses de la rue, les fils d'ouvriers et de paysans, les sans-études qui ramènent leur première paye à la maison. C'est le cas de Bébert. Il est mon idole, nous passons nos dimanches à jouer dans les locomotives de la gare de triage. Quand je rentre à la maison, mes habits du dimanche couverts de charbon, c'est le drame.

À la tombée de la nuit, nous déplaçons les voitures des notables. Une fois, pour avoir emprunté la DS d'un notaire, je me retrouve au commissariat. Toute la ville me connaît puisque toute la ville connaît mon père – il soigne même le commissaire. Prévenu, le docteur Drucker prend les choses en main : « Gardez-le pour la nuit, nous viendrons le chercher demain matin. »

Je suis révolté, sans même savoir de quoi est faite cette révolte. Pourquoi moi et pas mes frères ? Au fil des années, ce sentiment d'injustice va grandir, l'échec scolaire devenir un abattement général.

Je vois bien ce que signifie être pauvre, et nous ne le sommes pas. La modestie m'attire, les gens qui travaillent de leurs mains, qui transpirent. Les relations de mes parents me paraissent sans intérêt, de quoi parlent-ils sinon de leur métier, des qualités scolaires de leurs enfants, de leurs résultats ? Plus tard, j'apprendrai que parmi ces supposées « bonnes relations » se trouvaient quelques confrères antisémites qui avaient tout fait après la guerre pour que mon père ne s'installe pas à Vire. Nous étions peut-être les Drucker, mais moi, pas vraiment. Ni Drucker ni pas Drucker. Le train de ma petite vie avait déraillé. Mon enfance reste un mystère. Rien n'était fait pour mon malheur et tout y a contribué. On dit qu'il n'y a pas de mauvais élèves, seulement de mauvais pédagogues, mais cette réponse ne suffirait pas. La faillite de mes études a été totale, moi qui à partir de dix-neuf ans, et jusqu'à aujourd'hui, ne ferai qu'apprendre, encore et toujours, pour rattraper le temps perdu. À l'époque, mon esprit ne se concentrait sur rien. Tout glissait sur le tableau noir, les livres, les cahiers. Chaque été à Saint-Pair-sur-Mer, près de Granville, il fallait des rafales de cours particuliers pour m'éviter le redoublement, à l'heure où mes frères et leurs copains allaient à la plage. De toutes mes forces, j'aurais voulu échapper à ce marasme. Être footballeur. Coureur cycliste. Moissonneur. Maître-chien. Pompiste. Marchand de glaces. Épicier. Un métier sans diplôme, concret, pour être libre et, moi aussi, comme mes camarades, avoir ma paye à la fin du mois. À dix ans, je me rongeais les ongles au sang. À dix-neuf ans, j'ai fait un début d'ulcère à l'estomac. Et à vingt-cinq, un zona. Mes deux frères si brillants rendaient d'autant plus lourd mon bonnet d'âne. Jacques, avec quatre ans de moins que moi, se préparait déjà un avenir de grand médecin. Quant à Jean, doué pour tout, il fera ce qu'il voudra. À chaque distribution des prix, il rafle tout, loin devant les autres. Moi, péniblement, je viens chercher un petit prix de récitation et un autre de gymnastique, accompagné au pied de l'estrade de la sempiternelle question : « Mais qu'est-ce qu'on va faire de toi ? » Je n'en peux plus, cette phrase me détruit à petit feu. Je ne cherche plus, je ne réponds même plus. Je n'élève jamais la voix. T'as pas une envie ? Une ambition ?

J'ai des rêves.

2 juin 1953.
Vire.
Avenue de la Gare

Nous sommes une quinzaine de gamins agglutinés devant le grand poste noir et blanc, devant la vitrine du marchand d'électroménager. Claude Darget – j'apprendrai son nom plus tard – commente le couronnement de la reine Elizabeth II. Je vois le carrosse, la foule, j'écoute cette voix, ébloui.

Des années plus tard, je suis pensionnaire à Honfleur dans une boîte à bac, le lycée Albert-Sorel. Des fenêtres de la salle d'études, j'aperçois de l'autre côté de l'estuaire de la Seine le port du Havre où certains week-ends sommeille le *France*, à quai, immense. Et un soir, rentrant d'Honfleur, je découvre un petit téléviseur dans notre salon. Je me précipite pour regarder « Sport dimanche ». Cinq ans plus tard, moi aussi je ferai partie de l'équipe.

Comme me l'a dit un jour mon ami Claude Lelouch : « Tu es un tardif qui a commencé tôt. » Ma vraie vie a débuté avec mon métier. J'ai mis presque quarante ans à réaliser ce que mes parents souhaitaient me voir faire, ce dont ils rêvaient pour moi : « Vivement dimanche ». Malheureusement ni l'un ni l'autre ne l'aura vu. Je pense à eux, particulièrement avant certaines émissions, celles où j'ai reçu Jane Fonda, Bernard-Henri Lévy, Jean Daniel, l'amiral Philippe de Gaulle, Nicolas Sarkozy et Ségolène Royal. Ma mère, je crois, aurait été épatée, elle qui vénérait Jean Daniel ; mon père, lui, aurait évidemment été séduit par Jane Fonda, ou plus tard par Monica Bellucci. Après l'émission, au téléphone, il m'aurait fait remarquer : « C'était bien, pas trop de fautes de syntaxe, mais tu as encore les cheveux trop longs. »

On ne peut pas comprendre l'homme que je suis ni mon parcours professionnel sans ce leitmotiv qui va hanter ma vie après avoir bousillé mon enfance : réussir, ne plus jamais connaître l'échec. J'aurais tellement voulu faire plaisir à mes parents ! Ils ne me demandaient plus d'être le héros de la distribution des prix, comme mon frère Jean, mais au moins de ramener des notes potables. Moi, j'étais déjà ailleurs. J'attendais. Même la seule discipline où j'étais assez bon, le français, a fini en drame au BEPC. Le sujet nous invitait à évoquer un paysage rural et... j'ai décrit un paysage urbain. J'ai confondu rural et urbain, j'ai raconté la ville au lieu de raconter la campagne. Excellent mais hors sujet, zéro au BEPC.

Le seul diplôme qui m'ait souri, quelques années plus tôt, c'était le certificat d'études. Mes parents m'avaient offert un vélo. Mais si on avait dit à mon père qu'un jour j'apprendrais par cœur les six cents pages obligatoires pour obtenir la partie théorique du brevet de pilote d'hélicoptère, il aurait éclaté de rire.

Le goût des autres

Je suis né en arrivant à la télévision à vingt ans. Elle aura été mon bac, mon université, mon agrégation, une école de vie et enfin une profession. De huit à dix-huit ans, j'ai survécu sans rien apprendre sauf ce qu'on ne trouve pas dans les livres : j'ai appris les gens. Les autres. Les rapports humains. J'ai toujours aimé entendre, voir, comprendre. À l'abstraction des études, je préfère l'expérience du terrain. Pour apprendre, je dois rencontrer quelqu'un, j'ai besoin d'un visage, d'une image, d'une parole. Mon goût des autres est venu de là, tout de suite.

À dix-sept ans, les personnes plus mûres que moi m'attirent. Ce n'est pas un hasard si mes premières aventures, je vais les vivre avec des femmes de plus de trente ans, comme dans la belle chanson de Pascal Sevran et Pascal Auriat *Il venait d'avoir dix-huit ans*, écrite pour Dalida.

En observant, j'apprends ce que je n'apprends pas à l'école. Beaucoup plus tard, Jacques Tati, que j'interviewais pour RTL, me donnera une leçon d'observation inoubliable. Le jeu consiste à tenter de deviner la vie des passants uniquement à leur silhouette, leur allure, un de leurs gestes ou un détail vestimentaire. Jacques Tati aura été le premier à me dire : « Restez à la terrasse d'un café, seul, et vous verrez ce que vous allez apprendre. » Lui en a fait un art. En regardant, j'ai appris le bonheur, le désir, les angoisses, les complexes, les signes extérieurs de richesse, la vulgarité, ce qui se cache derrière un dos voûté, derrière le sac de pommes de terre d'une vieille dame. Une femme ne traverse pas la rue d'un village de province comme si elle sortait du café de Flore. Dans la démarche hésitante d'un vieux monsieur, dans le regard fébrile d'un adolescent pressé, dans les yeux baissés d'une jeune fille complexée, tout est dit, sans un mot, et cela me fascine.

À Compiègne, mon passage sous les drapeaux au camp de Royallieu de sinistre mémoire m'apprendra autre chose : le sens de la dérision. Mon service militaire fut courtelinesque. Le discours des petits chefs ressemble tellement au sketch de Fernand Raynaud sur le temps que met le fût d'un canon à refroidir. Je ne parviens à prendre au sérieux ni les ordres ni la vie de caserne, tout me paraît grotesque au point de passer presque tous mes week-ends au trou. À mes côtés, les étudiants diplômés sombrent dans la déprime, tandis que les autodidactes traversent l'épreuve avec plus de philosophie. Les années d'adolescence m'ont endurci sur un point : encaisser dans un monde hostile.

Dès l'instant où je peux m'échapper du circuit scolaire, de la famille, je respire et je parle, beaucoup, tout le temps, à n'importe qui. Parler. Interpeller, poser des questions aux gens de la rue, aux gosses, aux clochards : parler pour faire parler. Le langage fut ma première liberté. Engager la conversation est mon exercice favori. Souvent on venait dire à mon père : « Vous savez, votre fils, il est incroyable, il est vraiment à l'aise avec tout le monde. »

Mon enfance n'a pas été un calvaire, ce mot convient aux dures épreuves qu'ont connues d'autres que moi, mais j'ai éprouvé une vraie souffrance morale, un violent sentiment d'abandon et d'ennui. Une blessure à vie. Mon impasse scolaire, sans cesse relayée par ma famille, ressassée dans ma tête d'enfant, a fait de moi un rescapé. Puis, enfin, le ciel s'est éclairci. Et quand la chance s'est présentée, je l'ai attrapée pour ne plus la lâcher. J'ai travaillé deux fois plus que les autres pour m'adapter, m'intégrer, digérer. J'ai enfin rencontré des pédagogues, des hommes éclectiques, capables de tout faire et de tout expliquer simplement. Ils s'appelaient Zitrone, de Caunes, Tchernia, l'équipe de « Cinq colonnes à la une »... Si j'avais eu sur les estrades de mon enfance des André Castelot et des Alain Decaux, si on m'avait raconté en classe le Vietnam comme les journalistes de « Cinq colonnes... », si on m'avait fait entrer dans le tribunal des grands procès comme Frédéric Pottecher, dans les livres comme Max-Pol Fouchet, je serais devenu un crack. Mais l'étincelle n'a pas eu lieu.

Elle a jailli devant cet écran où l'évêque de Canterbury posait la couronne d'Angleterre sur la tête d'Elizabeth II. Toute ma culture m'est venue de l'image, rien n'a existé avant, sauf le sport. Et quand cette culture est enfin arrivée, elle a envahi ma vie. Je ne connaissais pas Victor Hugo, jusqu'au jour où j'ai vu les Jean Valjean que furent Gabin, Carmet, Ventura, Belmondo, ou bien Isabelle Adjani dans *Adèle H.* Devant la retransmission des obsèques de Churchill, j'ai compris Churchill. Quand Decaux racontait la fuite à Varennes, je voyais le roi, la reine, le peuple et une révolution. Max-Pol Fouchet m'a passionné en me parlant d'un petit homme en imper et à lunettes nommé Jean-Paul Sartre.

Regarder *Les Raisins de la colère* avec Henry Fonda m'a donné envie de lire Steinbeck. Robert Hossein, en interprétant Raskolkinov, m'a fait lire *Crime et Châtiment* et découvrir Dostoïevski. Et Fabrice Luchini m'a appris à aimer La Fontaine et Céline.

C'est l'image qui m'a donné envie de lire. J'ai besoin de voir, d'être emporté. Par l'image, je sens vivre le monde, je suis vivant.

Partir un jour

À Vire, je glande. J'écoute Brassens, Presley, Ferré, Paul Anka. À Honfleur, dans la boîte à bac où mes parents m'ont envoyé redoubler ma seconde, on flirte en surboum sur *Only You* des Platters.

Mais l'avenir, je ne le vois pas. Je vis mal. Je respire mal. Je dors mal. Quand mon père nous conduit en vacances à Plémet, chez les Faget, j'arrive mort. Dans la bagnole, je suis prisonnier de la même rengaine, durant les cent vingt kilomètres du trajet : « N'oublie pas, Michel, deux heures de devoirs par jour, sinon tu redoubles à la rentrée. » On est obligés de s'arrêter plusieurs fois pour que je puisse aller vomir derrière un arbre. Je ne supporte pas la voiture. Je ne supporte pas le boudin-purée de la cantine. Je ne supporte rien. Il m'arrive d'évoquer ces années-là avec le sourire en compagnie de Jeanne Faget, la fille du bon docteur et de ma marraine, qui fut infirmière anesthésiste dans l'Afrique du docteur Schweitzer. Elle est, avec Patrick Le Lay, le dernier lien qui me rattache à mon adolescence.

Un automne, mon père a l'idée qui manque m'anéantir. Une de ses conquêtes de l'époque lui suggère de m'envoyer passer une batterie de tests psychologiques à Caen. Après une journée sinistre, le diagnostic est sans appel : « Michel est inapte à tout effort intellectuel. Inutile d'insister. Il faut l'orienter d'urgence vers une profession manuelle. »

Ce verdict semble soulager mon père. Le soir même, il rentre, pose sa serviette de cuir et nous fait venir, ma mère et moi, autour de la table :

— Voilà, Lola, tout s'éclaire, nous faisions fausse route, il n'y a pas de honte à être boucher, charcutier, chaudronnier, menuisier, pâtissier...

Et d'énumérer par ordre alphabétique les métiers ne nécessitant pas de longues études. Bizarrement il s'arrête à marin... Je dis tout de suite oui. J'aurais dit oui à n'importe quoi, au fond je pensais : « Ça y est, enfin je me barre. » Partir, naviguer, ouvrir un hôtel aux Amériques et ne plus jamais affronter le tribunal familial...

Mais avant de téléphoner à l'École des mousses de Brest pour obtenir tous les renseignements, j'ai une lumière : « Mais, papa, je suis malade en mer ! Tu sais bien que, dès que nous allons en bateau aux îles Chausey, je mets une semaine à m'en remettre... »

Tant pis pour mousse... Adieu la marine ! Je m'y voyais bien, pourtant. Une vie sur la *Jeanne-d'Arc*, comme Bernard Giraudeau. Faire le tour du monde. Partir, c'était bien.

La rengaine est revenue :

Mais qu'est-ce qu'on va faire de toi ?

Qu'est-ce qu'on va faire de lui ?

Qu'est-ce que je vais faire de moi ?

J'ai toujours beaucoup aimé mon père et je lui en ai toujours voulu de ne pas m'avoir compris. De s'être acharné à me mettre des livres entre les mains. Je le revois encore surgir dans ma chambre à six heures du matin, épuisé par une nuit de garde, pour me faire réciter mes leçons. Ce grand médecin colérique n'a jamais eu de patience pour aucun de nous, ni pour ma pauvre maman. Avec le recul, je me demande parfois comment elle a fait pour rester quarante ans au côté d'un homme aussi difficile à vivre. Mon père et moi nous nous sommes compris et aimés totalement dans les dix dernières années de sa vie. Il était sincèrement heureux et fier de mon parcours comme j'ai toujours été fier du sien.

Mais, à l'époque, je ne pouvais pas fuir seul et vers rien. Je voulais une autre famille. Trop souvent la mienne me donnait l'impression d'être mon juge. Le vendredi, à l'idée du tunnel du week-end, je vomissais encore le boudin noir de la cantine. On me renvoyait chez moi. Le stress était devenu mon fidèle compagnon. De dix à dix-sept ans, j'ai compté chaque jour.

Quand je ramenais un copain, la première phrase de mon père était : « Et toi, qu'est-ce qu'on va faire de toi ? », alors j'ai fini par ne plus ramener personne. Tous les autres gamins, y compris mes frères, me semblaient libres, moi pas. L'atmosphère à la maison devenait irrespirable, avec mon frère Jean on en venait parfois aux mains pour des histoires de billes. Nous étions une famille unie mais pas paisible, une famille venue d'Europe centrale avec son lot d'inquiétude et d'inaptitude au bonheur. Moi, j'aurais voulu du calme et du silence.

Si je n'ai jamais eu d'enfants, biologiquement, c'est peut-être aussi par peur. Peur de devenir un père comme le mien, de reproduire un schéma tyrannique. Ou au contraire de me révéler faible, un père absent et immature. L'avenir a heureusement prouvé le contraire... J'ai trouvé le moyen de devenir un père convenable.

À Vire, j'attendais de saisir la première perche qui passerait pour fuir.

Peut-être demande-t-on davantage aux enfants des familles juives, l'inquiétude y est un penchant naturel. Nos origines d'Europe centrale sont restées puissantes. Chez nous, l'argent était sans valeur. Le summum de la réussite aurait été d'écrire des livres ou de devenir violoniste – à la maison on écoutait Isaac Stern, Yehudi Menuhin et Rostropovitch. Je ne suis allé qu'une fois en Israël, sur le tournage de *Rambo,* voir Sylvester Stallone, et je me souviens que ma mère, levant les yeux au ciel – « qui c'est ce Stallone ? » – aurait préféré que j'aille me recueillir sur les tombes de Golda Meir et de Ben Gourion.

Je n'ai pas l'indignation sélective. Je ne suis pas aveugle à d'autres douleurs que celles de la Shoah. Les génocides arménien et rwandais, les drames du stalinisme, les horreurs de l'esclavage me bouleversent aussi. Nous n'avons pas été élevés dans la tradition. Je ne vais pas à la synagogue, je ne fais pas Kippour, mais plus le temps passe et plus j'ai envie, au moins une fois, de revenir sur les lieux de mes racines, dans cette Roumanie (aujourd'hui Ukraine) d'Abraham Drucker.

J'ai fini par me faire virer de la boîte à bac d'Honfleur, pour une amourette avec la fille du propriétaire de l'hostellerie Le Chat, place Sainte-Catherine. L'histoire a fait scandale au lycée. Mon père, toujours expéditif, a voulu me marier avec la fille de l'aubergiste. De guerre lasse on m'a envoyé dans un lycée technique, à Caen, préparer un brevet supérieur d'enseignement commercial. Je porte une blouse rose, j'apprends la sténodactylo, nous sommes deux garçons pour trois cents filles – encore une faute d'inattention de mon père au moment de remplir les papiers... Mais j'ai beaucoup apprécié cette période. J'avais une chambre en ville et même si je consacrais l'essentiel de mon temps à l'amélioration de mon éducation sexuelle. J'ai même réussi mon brevet de sténodactylo – méthode Prévot-Delaunay, cent vingt mots minute !

Entre la fin de mes courtes études et mon départ au service militaire, les petits boulots m'ont permis de fuir la maison. J'ai d'abord été moniteur pour adolescents difficiles aux Sables-d'Olonne. L'été, sur cette immense plage de Vendée, une marée de vacanciers regardait la mer toute la journée. J'avais en charge une quinzaine de gamins. Lorsque je les ramenais à la colo à la fin de l'après-midi, ils vidaient leurs poches et me montraient tout ce qu'ils avaient fauché sur la plage. Le plus difficile était de les convaincre de rendre le lendemain ce qu'ils avaient volé la veille.

En août, on m'a embauché comme photographe de plage. Moi qui n'avais jamais fait une photo de ma vie, au bluff, j'ai convaincu de ma compétence. Mes photos ont d'abord été floues puis elles sont devenues trop nettes... Sur le sable, il m'arrivait de tirer le portrait à des couples d'amoureux... qui ne le souhaitaient visiblement pas. Beaucoup d'entre eux venaient, furieux, ticket en main, réclamer les négatifs chez Samy, mon patron. J'ai été, sans le savoir, un des premiers paparazzis.

À la fin de l'été, j'ai voulu me faire embaucher à Air France comme steward saisonnier, un job très prisé des étudiants à l'époque. Bien entendu, j'ai échoué à l'examen et on m'a proposé de rejoindre les équipes de nettoyage des avions. Terme exact : agent de maintenance de bord, affecté aux Caravelle et aux Boeing 707. Je prenais mon service à 4 heures du matin, après avoir traversé Paris désert sur mon Solex. J'ouvrais ma petite armoire métallique et j'enfilais mon bleu de travail. Sur le tarmac, nous arrivions avec nos voitures balais au moment où les passagers descendaient de l'appareil. Personne ne prêtait attention à nous. Dans mon groupe, j'étais l'un des rares Français. Le temps de l'escale, tandis que l'avion refaisait le plein, nous étions une dizaine à nettoyer la cabine de fond en comble. Nul ne peut imaginer l'incroyable désordre qui règne dans la cabine d'un avion après un vol long-courrier. L'incroyable gâchis aussi. L'avantage du boulot, en supplément d'un salaire minuscule, était de nous nourrir à l'œil. Avec les restes des passagers de première.

J'étais très heureux.

L'apprentissage du réel me passionnait. J'aimais beaucoup Orly, désert et silencieux à l'aube. L'espace et le ciel. Je partageais mon quotidien avec des Maliens, des Turcs, des Portugais. La nuit ils couchaient chez des marchands de sommeil et le jour ils venaient ramasser les miettes abandonnées par les gens riches. Ce contraste ne provoquait pas ma colère (elle viendrait plus tard). Eux souriaient, chantonnaient, mâchonnant un chewing-gum en nettoyant. Ma vie sentait la menthe et le citron des détergents. Étrangement, Orly ne m'a pas donné le goût du voyage. Je n'enviais pas ceux qui partaient. Je préférais tous ces badauds sur les terrasses qui, comme dans la chanson de Bécaud, venaient le dimanche voir décoller les avions à Orly. Toucher un rêve des yeux. Aujourd'hui, quand je descends d'un vol de ligne, je ne le fais jamais sans un clin d'œil à la petite voiture balai qui patiente au bas de la passerelle. Je sais exactement quelle est la vie de ceux qui la conduisent.

Je connais également la vie des coursiers et des livreurs. Durant les quelques semaines précédant mon départ à l'armée, engagé à *La Vie catholique*, j'allais chercher des photos d'agence pour les pages d'actualité.

L'actualité, je la retrouverai pendant mon service militaire. En effet, après huit mois passés à Compiègne dans l'armée de l'air, je suis affecté boulevard de Latour-Maubourg à la revue militaire d'information *RMI* et au journal *TAM* (Terre/Air/Mer) – où passèrent beaucoup de journalistes devenus célèbres. Cette affectation parisienne est à l'origine de mon entrée à la télévision. Dès les premiers jours, je découvre la proximité géographique entre la caserne de Latour-Maubourg et la rue Cognacq-Jay, temple mythique de la télévision. Avant de regagner le ministère de l'Air, porte de Versailles, où je dormais, je me précipitais par la rue de l'Université jusqu'au café Lafon, devenu aujourd'hui le café de l'Alma. C'est là que j'ai croisé pour la première fois toutes les vedettes de la télévision de l'époque.

Je les dévisageais, avec cette impression de bien les connaître sans les avoir jamais rencontrés. Surtout les reporters sportifs. Je mourais d'envie de leur demander un autographe, mais dans mon uniforme et avec mon calot bleu de deuxième classe, je n'osais pas. Je trouvais les uns plus petits que je ne l'imaginais, les autres plus gros, et tous me paraissaient inaccessibles. Catherine Langeais, la speakerine star des stars, a été la première que je me suis permis d'aborder. Elle était l'épouse du tout-puissant Pierre Sabbagh. Grâce à elle j'obtins un rendez-vous avec le créateur du journal télévisé, en compagnie, entre autres, de Jacques Sallebert, Pierre Tchernia et Georges de Caunes. Je n'avais qu'une question à lui poser : comment entrer à la télévision ? Je pensais rester cinq minutes, il m'a gardé une heure, durant laquelle il m'a parlé de lui (par la suite, je vérifierai que, lorsqu'on demande un conseil à un patron, la plupart du temps il vous parle d'abord et avant tout de lui). Puis il m'a conseillé de passer un jour ou deux dans les locaux du saint des saints, le 15, rue Cognacq-Jay. Je le ferai grâce à l'intervention d'une dame charmante, Gilberte Bach, journaliste à France Culture, qui aura donc joué un rôle considérable dans ma vie.

Elle connaissait mon père. Voyant à quel point il était désespéré quand il parlait de mon avenir, elle lui proposa de me faire faire un stage dans les studios de la rue Cognacq-Jay. Un stage de quelques jours qui s'est transformé en un très long bail...

La première fois

Combien de fois m'a-t-on demandé quel serait mon souvenir le plus fort si le magnétoscope de ma vie d'homme de télévision s'arrêtait définitivement sur la touche « pause » ? J'ai toujours répondu : ma première apparition sur le petit écran.

Pour un écrivain, un journaliste, un chanteur, un acteur, le premier rôle, la première chanson entendue à la radio, le premier papier ou roman publiés restent je suppose à jamais dans leur mémoire. Quarante-deux ans après, je me souviens de ma première apparition télévisée comme si c'était hier. Janvier 1965, un dimanche soir, il est 20 h 20 exactement.

À l'époque le JT ne durait que vingt minutes pour faire place au magazine « Sport dimanche », suivi à 20 h 45 du grand film hebdomadaire. « Sport dimanche » bénéficiait donc de la meilleure exposition de la semaine. Son écoute était considérable, compte tenu – faut-il le rappeler –

de la présence d'une seule chaîne, en noir et blanc. Ce soir-là, le jeune stagiaire que je suis ignore qu'il va vivre un moment d'émotion intense dont on me parle encore. Encadré par Léon Zitrone et Roger Couderc, les deux monstres sacrés de l'époque, mon baptême du feu va changer radicalement le cours de ma vie. En dix minutes.

Dix minutes de présence à l'antenne. Un tiers du temps total de l'émission. Tétanisé par le trac, ne maîtrisant rien, ni l'élocution ni la gestuelle, pris d'une panique qui tant d'années après déclenche encore en moi des palpitations. Sans prompteur ni oreillette – ils n'existent évidemment pas en 1965 –, je m'accroche à mes feuilles de résultats sportifs, sans jamais regarder la caméra, gardant mes papiers à bout de bras au lieu de les faire glisser discrètement hors champ. Ébloui, apeuré, comme un lapin pris dans les phares d'une voiture. Ma détresse est d'autant plus visible que mes mains tremblent, elles ne cesseront de trembler pendant l'éternité de ces dix minutes. En direct, des millions de Français assistent à ce naufrage qui, s'il avait eu lieu aujourd'hui, aurait définitivement compromis ma carrière.

C'est le contraire qui s'est produit. Le standard a explosé sous les appels des téléspectateurs et un certain Lucien Morisse, dont le nom ne me disait rien – il était alors le patron des programmes d'Europe 1 et l'époux de Dalida –, m'a même joint au téléphone pour me lancer de sa voix traînante : « C'est toi le gamin que je viens de voir ? Ne te fais pas de souci, tu es là pour longtemps. »

Il pouvait dire ce qu'il voulait, j'étais effondré, je ne sentais plus mes jambes. Je suis rentré tristement chez moi, place Clichy.

Le lendemain, à 7 heures, je suis monté dans le bus à plate-forme, le 80, qui me déposait à l'angle de l'avenue Bosquet et de la rue Cognacq-Jay. À cette heure-ci, les gens somnolent ou parcourent leur journal. Mais ce matin-là, à peine ai-je eu mis un pied sur la plate-forme que toutes les têtes se sont tournées vers moi. Les passagers me suivaient du regard. Ceux qui tenaient un journal l'agitaient entre leurs mains en me demandant : « Ça va mieux depuis hier soir ? »

Ce jour-là j'ai compris l'extraordinaire impact du petit écran. Ce cadrage interminable a fait de moi le gamin de la télé. À partir de là, toutes mes apparitions vont être considérées comme un lent apprentissage. La France entière, Normandie en tête, va me suivre de semaine en semaine, encourageant mes progrès et m'en parlant chaque lundi. Durant des années, des téléspectateurs viendront me murmurer, après chacune de mes émissions : « Continuez, vous êtes de mieux en mieux. »

On ne m'a pas viré, malgré ma prestation cataclysmique. Comme après une chute, je me suis relevé pour retourner à l'antenne le dimanche suivant, avec mes feuilles ! J'avais l'air d'avoir seize ans, j'en avais six de plus. Le public ne connaissait pas mon nom mais j'existais déjà. Cette reconnaissance ne m'a pas flatté, elle ne m'a pas déplu non plus. Le plaisir d'être reconnu ne viendrait que beaucoup plus tard tant mon trac était alors visible et palpable. Mais j'ai pris l'habitude d'échanger quelques mots avec les téléspectateurs, parler restant, me semblait-il, la seule chose que je savais faire, comme à Vire.

À Vire, justement, deux personnes n'avaient rien perdu de ma lamentable prestation : mes parents. Avec un père comme le mien, les choses ne pouvaient forcément pas en rester là. Dès le lundi matin, il a décroché son téléphone et il est parvenu à joindre mon patron, Raymond Marcillac :

— Bonjour, monsieur... Écoutez-moi bien, je suis le docteur Drucker, le père du jeune irresponsable que vous avez mis à l'antenne hier soir. Ce garçon est un danger public. Vous avez vu dans quel état de nerfs il était ? Il ne faut absolument plus jamais le mettre devant une caméra. Il n'a aucun diplôme, il manie mal la syntaxe, sa grammaire est approximative, il n'a pas de culture, c'est un instable, incapable de se concentrer, c'est d'ailleurs pour cela qu'il a échoué dans toutes ses études...

Je dois être le seul débutant télévisuel à avoir été aussi implacablement flingué par son père dès son premier essai. Il n'a pas appelé pour dire qu'il était fier – il n'y avait aucune raison, en effet –, pour m'excuser ou solliciter de l'indulgence ; non, il s'est rué sur son téléphone pour dire : « Il faut l'arrêter tout de suite ! » Raymond Marcillac n'en est pas revenu – souvent, il me rappellera ce coup de fil surréaliste qui l'avait tant fait rire. Chaque semaine, il m'a remis à l'antenne. Et chaque semaine, à Vire, mon père frôlait l'apoplexie. Entre Couderc, Chapatte et Zitrone, qui avaient l'âge de mes parents, j'étais le petit dernier. Le public attendait peut-être un visage nouveau, un gamin, et j'ai été ce gamin. Mon aventure commençait.

C'est une chose d'être reconnu par l'homme de la rue qui vous a vu dans cette étrange fenêtre qu'est la télévision, c'en est une autre de mettre un nom sur un visage. Le JT m'y a très vite aidé : à l'époque le nom du journaliste apparaissait à l'avant du bureau, face à la caméra.

J'y resterai quatre ans, de 1965 à 1968. Dès ma première année, *Télé 7 Jours* me consacra sa couverture. C'était le premier magazine de télévision, j'étais le premier jeune de l'ORTF. Une mascotte parmi les stars.

Le soir de ma première apparition à l'antenne, j'avais saisi ma chance. J'ai été réquisitionné au dernier moment pour remplacer un confrère absent, retenu sur la route. J'étais là, disponible, à portée de main, suivant les conseils de Léon Zitrone : « Drucker, soyez là... – Zitrone me vouvoyait : – Soyez là tout le temps. Ayez toujours un blazer, une chemise et une cravate... On ne sait jamais. » J'avais le blazer, la cravate et la chemise. Et j'étais là, tout le temps.

D'autres heureux hasards ont favorisé ces débuts. Celui d'apparaître en janvier, mois propice aux grosses audiences. En juin, au début de l'été, l'impact aurait été moindre. Autre cadeau du tableau de service, c'est Roger Couderc, le plus célèbre journaliste sportif de l'époque, qui officie ce soir-là. Et c'est lui qui va me présenter pour donner les résultats sans images. À l'époque, on filme essentiellement le foot, le rugby, le cyclisme, mais les sports dits « secondaires » sont traités en plateau. Dernière chance enfin, et elle n'est pas mince, le JT fini, Léon Zitrone nous a rejoints pour les résultats du tiercé. Devant ma panique, les deux compères ont commencé à plaisanter, ironisant sur ma détresse : « La table en tremble, dites donc », « Ah, diable ! maintenant ce sont les genoux qui tremblent », ils ont fait tout un numéro autour de moi qui n'entendais rien, qui ne voyais rien, concentré sur les résultats à lire – quitte à être nul, au moins me restait-il l'honneur de ne faire aucune erreur. C'est ainsi que je suis resté dix minutes à l'antenne quand la durée moyenne d'apparition d'un journaliste entre deux reportages ne dépassait pas une minute trente ! Comme l'a écrit François Chalais, un de mes maîtres, dans son roman *Les Chocolats de l'entracte*[1] : « Pour un journaliste, la malchance est une faute professionnelle »...

À partir de ce soir-là, une relation très forte va s'instaurer entre Léon Zitrone et moi, relation d'autant plus étroite que je découvre que nous sommes voisins place Clichy. À Cognacq-Jay, je le bombarde de questions dont une, qui revient sans cesse :

— Monsieur Zitrone, que faut-il faire pour durer ?

— Savoir tout faire, Drucker. Être polyvalent.

1. Editions Carrère, Paris, 1989.

Les années Zitrone

En 1964-1965, Léon Zitrone est, avec le général de Gaulle, Michèle Morgan et Jean Gabin, l'une des personnalités les plus célèbres de France. Physique baroque, voix hors du commun, il a à peine cinquante ans quand je le rencontre. S'il est l'un des hommes les plus connus de France, il n'est pas pour autant le plus populaire. Avec lui j'apprendrai que notoriété n'est pas popularité, être reconnu ne voulant pas dire être aimé.

Au quatrième étage de Cognacq-Jay, ce personnage colossal occupe le bureau du présentateur du 20 heures. Avec une chaîne unique, apparaître quotidiennement confère une célébrité inimaginable. Dans les couloirs, l'ambiance est pourtant familiale. Tout le monde côtoie tout le monde, tout le monde fait tout, c'est le règne de la polyvalence et de l'éclectisme. Léon en est l'exemple vivant, il parle russe, anglais, comprend l'allemand, lit l'italien, l'espagnol, et assure l'information, le tiercé – si populaire à l'époque –, le patinage artistique, l'actualité des grands de ce monde... L'été venant, il présente aussi « Intervilles » avec Guy Lux. Mariage ou enterrement, pas une tête couronnée ne lui échappe, sans oublier les défilés du 14 Juillet. À lui seul, Zitrone est la télévision.

Les hasards de la vie vont nous rapprocher. Place Clichy, il habite au-dessus du cinéma Wepler, et moi, de l'autre côté du carrefour, au-dessus de la pharmacie et d'un cinéma porno. De mon balcon, j'aperçois sa salle à manger. Souvent, à la fin d'une journée harassante, je l'accompagne jusqu'à son garage rue Cavallotti. Dans cette petite rue nous croisons Georges Moustaki, Serge Reggiani, Maxime Le Forestier, artistes de la maison de disques Polidor, à deux pas du garage où Léon range sa grosse Versailles dans un boucan épouvantable. Chez Léon les rétroviseurs ont une importance capitale. Rouler dans Paris est un moyen pour lui de tester sa notoriété. Sans quitter des yeux ses fameux rétroviseurs, il peut compter le nombre de badauds qui se retournent sur son passage, il roule d'ailleurs lentement afin de leur laisser le temps de l'identifier. Les péripatéticiennes de la place Clichy, téléspectatrices fidèles, nous saluent – elles seront mes premières fans.

Être au côté de Léon en public est un spectacle permanent. Un jour, sur un quai de gare, un groupe de cheminots au visage couvert de suie lui demandent un autographe. Léon les rembarre vertement : « Je vous interdis de me reconnaître, je suis là incognito. » Ainsi était Léon. Il appréciait d'être reconnu, mais ne supportait pas d'être dérangé. Le public jugeait mal ces humeurs, n'imaginant pas qu'on puisse entrer chaque soir chez lui sans frapper tout en refusant de le saluer dans la rue. Léon Zitrone, Guy Lux, quelques autres encore n'avaient pas de véritable lien affectif avec ceux à qui ils devaient leur célébrité. Aujourd'hui, je constate le même phénomène avec la nouvelle génération d'animateurs, dont le détachement me laisse parfois songeur.

J'entre dans l'intimité d'un personnage hors norme. Il a même entendu parler de mon père, sa belle-sœur habitant en Normandie, à quarante kilomètres de Vire. Quand Abraham Drucker et Léon Zitrone se rencontrent, lors d'un des rares week-ends où nous venons visiter nos familles, mon père ne manque bien évidemment pas l'occasion de me mettre mal à l'aise en répétant à mon mentor que je suis ignare et dépourvu de tout bagage scolaire. Et Zitrone de répondre : « Mon cher docteur, votre rejeton ira loin »... Mon père n'en croit pas un mot.

Léon Zitrone me fascine. Je le regarde travailler. Je lui prépare les dépêches d'agences. Ce que je suis aujourd'hui, je le lui dois en grande partie. Je passe le chercher à 7 heures du matin, pour le ramener vers minuit. Quelques minutes avant le 20 heures, au moment de descendre sur le plateau, je lui prépare aussi une fausse pochette, un bristol, que je glisse dans la petite poche de son costume, pour n'en laisser apparaître que l'impeccable bord blanc. Puis Léon, dans la glace des toilettes, réajuste son nœud de cravate et, tout en satisfaisant un besoin naturel, vocalise déjà l'attaque de son journal. « Mesdames et messieurs, bonsoir, voici l'essentiel de l'actualité. » Son malaise, son angoisse sont à ce moment-là communicatifs, la pression pesant chaque soir sur ses épaules générant un climat anxiogène qui plombe toute la régie. Saison après saison, il demeure pourtant un de mes modèles. Je calque mes horaires sur les siens, fidèle à son principe : Drucker, soyez disponible, toujours disponible.

Je suis heureux. Je vis nuit et jour dans les bureaux et sur les plateaux. Dans ce huis clos, je me sens bien. La révolution télévisuelle est en marche et ma maison s'appelle Cognacq-Jay.

Zitrone avait deux obsessions : la télévision et le désir de reconnaissance. Il aura été le premier Français d'origine étrangère (son père, exilé russe, tenait une teinturerie rue de Passy, il nous faisait 10 %) à devenir une star. Il n'a aucun humour, prend tout au premier degré, son exigence et sa rigueur sont impitoyables. L'argent ne l'obsède pas, il n'en a pas, donnant quelques conférences pour arrondir ses fins de mois. À l'époque, la télévision est un artisanat qui ne génère pas la fortune.

À l'étage du JT, dans le même couloir, Georges de Caunes est le contraire de Zitrone, un gentleman séducteur, adepte de l'humour *british*. Lui considère qu'il y a une vie après la télévision, c'est un homme libre, parfaitement détendu. Il sera le premier à faire de la publicité pour une marque de pantalon, ce qui lui fera perdre son fauteuil du 20 heures. Si Cognacq-Jay a été mon université, Zitrone et de Caunes furent, avec mes confrères des sports, mes professeurs principaux. Pendant près de quatre ans, j'ai vu dans ce lieu devenu mythique le meilleur de l'information, en particulier avec le magazine « Cinq colonnes à la une », produit par quatre figures historiques : les trois Pierre, Desgraupes, Dumayet, Lazareff, et Igor Barrère... Desgraupes qui deviendra plus tard mon patron et me confiera en 1983... « Champs-Élysées ».

Au quatrième étage de Cognacq-Jay se croisent les speakerines, les seigneurs de l'info, les champions du sport et du divertissement. Catherine Langeais embrasse Pierre Sabbagh. On prend l'ascenseur avec Léon Zitrone, à la cantine Jacqueline Huet déjeune avec François Janin, Thierry Roland avec Françoise Boulain, Roger Couderc et Robert Chapatte racontent le Tour de France ou le Tournoi des Cinq Nations à Pierre Tchernia. Nous nous retrouvons au café Lafon, où j'ai toujours mes habitudes, quarante-trois ans plus tard. Tous, nous aimons notre métier, et même nos amitiés amoureuses naissent sur les plateaux. Malgré le poids du pouvoir de l'époque, cette télévision reste un modèle pour ma génération. Chaque jeudi soir à 20 heures, la haute silhouette d'Alain Peyrefitte sort de l'ascenseur, c'est l'heure du « Général a dit », le moment où ce grand commis de l'État vient rendre compte du Conseil des ministres. Pour ce ministre de l'Information très interventionniste, véritable rédacteur en chef du journal, on fabrique même le premier prompteur, de grands panneaux où est écrit son texte. Chaque matin, un coursier lui apporte le conducteur du journal du soir. C'est cette pression sur l'information qui fut aussi au centre des manifs de Mai 68. La télévision d'alors était aussi prude que contrôlée, et ses premières audaces firent scandale : la diffusion des *Amants* de Louis Malle, le premier débat sur l'homosexualité aux « Dossiers de l'écran » mirent la France en ébullition.

On faisait tout, tout seul, sans assistant ni stagiaire, sans portable, sans prompteur, sans oreillette, sans Internet ni ordinateur, en artisans noyés sous la paperasse. Pendant des années, j'ai préparé mes fiches seul, comme Thierry Ardisson le fait encore. Zitrone, face caméra, pouvait annoncer un tremblement de terre avec des images qui n'arrivaient pas. Cent fois, je l'ai vu réussir l'impossible, sa dextérité relevant à ces moments-là du talent de comédien. Assister ces monstres sacrés signifiait travailler comme un dingue, il fallait parfois plusieurs heures simplement pour joindre un témoin de l'actualité. Combien de nuits ai-je passées à trier, à couper des dépêches de l'AFP ou de l'agence Reuters, homme à tout faire et heureux de l'être ! Avec ces pionniers j'ai appris à travailler vite et à devenir, avec une bonne documentation et beaucoup de système D, spécialiste de sujets dont j'ignorais tout. Zitrone m'aura aussi appris à aller sur le terrain à la rencontre des protagonistes d'un reportage. Sa faconde de Falstaff n'a jamais été prise en défaut. Personne ne l'a remplacé et nul ne le remplacera. Grâce à lui, j'ai su qu'il fallait toujours avoir du « biscuit » pour trois heures d'antenne, même si l'émission n'en durait qu'une. « Soyez là comme si vous y étiez pour trois heures. Ayez du biscuit. » C'était son mot. Plus tard, lorsqu'on m'a confié les commentaires de la Coupe du monde, j'avais toujours une documentation me permettant de tenir longtemps l'antenne en cas de pépin. Ce fut le cas un soir de Coupe du monde en 1978, en direct de Mar del Plata, en Argentine. Dernier match du premier tour, la France rencontre la Hongrie. À la suite d'un dysfonctionnement dans l'organisation, l'équipe de France arrive avec des maillots de même couleur que ceux de l'équipe adverse. Impossible de faire la différence à l'écran. Avec Just Fontaine, mon consultant – toujours meilleur buteur de l'histoire de la Coupe du monde avec treize buts –, nous avons dû tenir l'antenne plus d'une heure avant le coup d'envoi, le temps de trouver d'autres maillots aux joueurs français. Pendant quatre-vingt-dix minutes, avec pour seuls plans le public, le gazon et les drapeaux, nous avons meublé en vantant les charmes touristiques de cette station balnéaire et l'histoire de l'Argentine, le tout jalonné par des anecdotes concernant la carrière de Just Fontaine. La méthode Zitrone m'a sauvé.

En 1962, Claude Darget, une des premières grandes vedettes du 20 heures, en fut viré pour avoir fait de la provocation en rendant compte des accords d'Évian qui mettaient fin à la guerre d'Algérie. Darget, pro Algérie française, avait expédié l'info en fin de journal, renvoyant les téléspectateurs à leurs quotidiens habituels. « Mesdames et messieurs, merci de votre attention, bonsoir, ou plutôt adieu. » Un véritable suicide professionnel en direct. On ne revit jamais Darget sur l'antenne de l'ORTF, contre laquelle il intenta un procès qui dura des années et qu'il finit par gagner. Pendant toute cette procédure, pour ne pas être pris en défaut, il arrivait chaque matin à neuf heures et demie tapantes au bureau, parfois flanqué d'un huissier. Il s'était installé devant l'ascenseur un bureau sur lequel il avait inscrit « Claude Darget, journaliste libre ». On ne lui confiait plus rien, sauf de temps en temps un commentaire de match de tennis en cabine off ou celui de « La vie des animaux », mais il n'a jamais remis un pied parmi les journalistes de la rédaction.

C'est en le remplaçant que Léon Zitrone est devenue le roi du 20 heures. Durant toutes ces années de procédure un climat détestable va régner entre les deux hommes, Darget considérant Zitrone comme un valet de l'information plutôt que comme un journaliste indépendant.

La porte de ce dernier donne sur le couloir, quasiment nez à nez avec le bureau de Darget l'insoumis. Chaque fois que Léon entre ou sort, Darget est là, à le suivre lourdement du regard en persiflant : « Alors Léon, de quel ministre tu vas cirer les pompes aujourd'hui ? » Invariablement, Zitrone tourne les talons en rétorquant : « Claude, tu n'es pas drôle. »

Une année, Darget va jusqu'à lui offrir, pour son anniversaire, un gilet rayé, une brosse à reluire et du cirage. C'est moi qui suis allé les acheter avant d'emballer le tout dans un papier-cadeau. Léon déchire le papier, il devient blême.

Mais il y eut pire que le gilet rayé. Claude Darget avait recueilli un chien, un chien de clochard, qu'il appelait l'Arsouille. Des semaines durant, il le dressa, afin que sur un simple signe ou un mot, l'Arsouille aille lever la patte contre la porte de Léon. L'Arsouille était la mascotte de l'étage. Un soir, Darget envisage même que l'Arsouille aille arroser le pantalon de Zitrone, en direct, pendant son journal. Nous aurions tous donné une fortune pour assister à cette scène hallucinante... Darget avait aussi appris à l'Arsouille à ramper dès qu'il prononçait le nom de Zitrone. Quel tempérament avaient ces pionniers !

Bientôt, je vais découvrir l'autre vie de la plus grosse star de la télé. Lui, monstre sacré dans la journée, dont la voix de centaure nous terrorise, n'est plus le même en privé. Lui, si exigeant, si colérique le jour, devient le soir un homme soumis à sa femme, qui ne le considère absolument pas comme une vedette. Lui, cassant avec les sans-grade, souvent obséquieux avec les puissants, se fait tout petit dans son foyer, ou plutôt celui de Mme Zitrone.

Pour moi, c'est stupéfiant. Combien de fois n'ai-je pas entendu Léon rentrer chez lui en lançant, tout sucre :

— Ma douce, mon aimée, ma tendre, je suis là !

De la cuisine monte alors une voix grave :

— Ah, ça y est, t'es rentré... Tu vas encore me bassiner !

Le premier soir où je suis resté dîner, il me présente à madame.

— Mon amour, voici le jeune Michel Drucker... Son père est médecin en Normandie, pas loin de chez ta sœur, et en plus il vient en voisin, il habite de l'autre côté de la place.

Mme Zitrone ouvre de grands yeux sur moi.

— Alors c'est vous le nouveau stagiaire, le petit jeune de la télé, je vous ai vu dimanche dernier, mais quel âge vous avez ?

— Vingt-deux ans, madame.

— Eh, c'est vous qui vous farcissez mon mari toute la sainte journée, mon Dieu, faut se le faire, hein, vous en avez du courage !

Devant sa femme, Léon rasait les murs, et je trouvais plutôt sain qu'un homme si redouté et difficile dans le travail soit traité ainsi chez lui. Mme Zitrone en a vengé beaucoup.

Nous passons à table et il lui demande :

— Mon amour, tu m'as vu ce soir ?

— Dis donc, je vois déjà ta bobine depuis vingt ans tous les matins, tu crois quand même pas que je vais la regarder tous les soirs ?

Puis elle se ravise :

— Tu veux la vérité ? T'as été très mauvais !

Le pense-t-elle réellement ? Sidéré, je plonge les yeux au fond de mon assiette en me disant que, si Darget voyait cela, il ne le croirait pas. Personne ne le croirait.

À partir de ce jour, j'aurai avec cette femme une relation affectueuse. « Elle vous a à la bonne », me murmurait Léon, ébahi. Une femme pleine d'humour, très libre et qui n'avait pas sa langue dans sa poche. Il ne devait pas être simple tous les jours d'être l'épouse d'un tel personnage. Je me suis souvent demandé si Léon Zitrone avait été un homme heureux. Je garde de lui cette vision incroyable, un matin, à 7 heures, dans sa cuisine, en train de raccommoder ses chaussettes. Je n'en revenais pas, je me disais : « Tu as devant toi l'homme qui ce soir va s'adresser à la France. »

J'aurais voulu savoir quel homme se cachait derrière le monstre sacré, évoquer sa Russie lointaine. Sa carrière d'avocat avortée, son envie d'entrer à la Comédie-Française. Mais Léon n'aimait pas parler de lui. J'en ai conçu une grande tendresse à son égard. Finalement, il aura été le premier « professeur » auprès duquel j'aurais enfin obtenu de bonnes notes.

Avant d'acheter la Versailles aux larges rétroviseurs – la voiture de la réussite –, Léon roulait en Simca 1000, n'importe comment, le starter toujours sorti, sans jamais passer la troisième – il conduisait exactement comme mon père, en fait. Une voiture inversement proportionnelle à sa corpulence, lui qui eut toute sa vie des problèmes de poids. Au petit matin, nous partions de la place Clichy et je savais que j'allais vivre une journée mémorable, surtout le dimanche. Ce jour-là, après le journal de 13 heures, nous mangions rapidement dans sa voiture sur des contre-allées de l'avenue Bosquet. Moi, à l'arrière de la Simca 1000, Léon à l'avant, avec autour du cou une serviette-bavoir. Je lui faisais répéter les couleurs des écuries et le nom des jockeys engagés dans les réunions hippiques de l'après-midi. Sa femme nous avait préparé un Tupperware. Peu à peu, la buée envahissait les vitres. De temps en temps quelques téléspectateurs reconnaissaient Léon à travers la vitre et se mettaient à gesticuler sur le trottoir, ce qui le laissait de marbre. Pressé, il engloutissait la salade de tomates-concombres dont la sauce, ici et là, constellait de taches son complet du dimanche. Puis nous partions pour Auteuil ou pour Longchamp, selon la saison. Parmi les élégantes à chapeaux et les propriétaires en frac, il commentait le tiercé avec son style théâtral. Puis nous revenions dans les soubresauts de la Simca 1000 pour la conférence de rédaction du journal. Le dimanche, le JT se terminant à 20 h 20, il n'avait que le temps du générique pour rejoindre le plateau de « Sport dimanche » avant le sacro-saint « grand film du dimanche soir ». Depuis mes débuts tremblotants, j'intervenais régulièrement dans le journal de 13 heures, Télé-Midi, mais le dimanche soir était le jour J : mon prime time.

Je n'ai qu'un objectif : me rendre utile. Être là dès 6 heures du matin, y être encore à minuit, devenir le grouillot, l'homme à tout faire, l'assistant de Couderc, le facteur de Chapatte, le coursier de Pasteur, le barman de Darget. Je bosse, je fayote. Mon visage devient familier à tous les étages, je veux que toute la maison sache qui je suis. Il m'arrive d'ouvrir sans frapper les portes des directeurs du septième étage, juste pour qu'ils voient ma tête, le temps de présenter mes excuses pour m'être trompé de bureau. Tel un écureuil, je virevolte d'étage en étage, de plateau en plateau, je parcours des dizaines de kilomètres en montant et descendant tous les escaliers du labyrinthe Cognacq-Jay. Il y a quelques années, avant que les promoteurs immobiliers ne détruisent en partie ces célèbres studios, je suis monté une dernière fois dans les gravats, et ce n'est pas sans une intense émotion que j'ai retrouvé mon nom sur un vieux tiroir métallique du Service des sports. Invités à l'inauguration du nouvel immeuble cossu, Pierre Tchernia et moi avons expliqué aux futurs locataires combien le cadre de leur vie future était historique. Le promoteur m'a offert la plaque indiquant le studio 6, celui du journal télévisé. Elle figure en bonne place parmi les reliques dans ma vitrine aux souvenirs.

À l'époque, je ne suis pas encore totalement libéré de mes obligations militaires, mais mes patrons ne le savent pas, et c'est en cachette qu'il m'arrive de me changer dans les toilettes pour me débarrasser de ma tenue de 2e classe de l'armée de l'air.

Dès que j'ai quelques heures de liberté, je prends la roue de Thierry Roland qui a la gentillesse de m'emmener au Parc des Princes à bord de sa splendide Triumph TR3 blanche. C'est un homme bienveillant, qui n'a pas hésité à me tendre la main. Il a été le plus jeune journaliste sportif de France, engagé à dix-sept ans sur les ondes du Poste Parisien par le fameux Georges Briquet, père fondateur du reportage sportif. Il m'arrive aussi de traîner sur les émissions de Guy Lux, Zitrone m'emmène parfois sur « Intervilles ». Je regrette de n'avoir que deux bras, deux yeux et deux oreilles.

— Tu sais, on ne va pas pouvoir te payer...

— Aucune importance.

Été 1964, arrivent les Jeux olympiques de Tokyo, ceux de Michel Jazy et de Christine Caron. Avec le décalage horaire, les images nous parviennent dans la nuit. Il faut des soutiers sur le pont, jour et nuit, sept jours sur sept, pour trier les résultats, couper les dépêches... Je lutte pour ne pas me tromper, ne pas m'endormir. La vie à Cognacq-Jay, c'est 24 heures sur 24. Je ne pense qu'à cela, je n'ai rien d'autre. Ce sera ainsi pendant dix ans. Au self, j'avale un yaourt. À « Cognacq », je me découvre une aptitude à multiplier les nuits sans sommeil et je constate qu'un yaourt peut vaincre les maux d'estomac. Mais la passion rend résistant. Tenir devient un goût, un défi de jeunesse, sans excitant ni tranquillisant : beaucoup d'eau, jamais d'alcool, pas de cigarettes, un peu de café – régime qui est encore le mien aujourd'hui. Affûté, je veux être performant, plus performant que les autres. Je veux rester et pour toujours. Durer.

À la fin des Jeux de Tokyo, je suis presque devenu indispensable. Un de mes complices est monteur magnétoscope, il rêve de devenir Daniel Filipacchi et moi Guy Lux ou Zitrone. Il vient de la région toulousaine, moi de Normandie. Nous sommes deux provinciaux à l'assaut de la capitale. Il s'appelle Michel Lafon et deviendra un brillant éditeur, après avoir créé *Podium* avec Claude François.

La chaîne s'ouvre de plus en plus largement au sport. L'âge d'or des pionniers s'estompe, la télévision pénètre dans tous les foyers. En 1965, tout est encore possible, on entre sur les plateaux comme dans un moulin. L'ORTF embauche et je suis officiellement engagé au Service des sports, dirigé par Loys Van Lee, personnage pittoresque, sous la houlette de Raymond Marcillac. La secrétaire, ravissante, s'appelle Françoise Boulain, Thierry Roland est amoureux d'elle, il l'est toujours quarante plus tard, ils ont un fils, Gary, dont je suis le parrain. Elle deviendra, entre autres, la réalisatrice de « Champs-Élysées » et du célèbre Tournoi de Roland-Garros.

À Vire, fièrement, je montre à mon père ma carte de presse numéro 22177.

En cabine, on entend ma voix commenter des images de sport et j'espère que le présentateur n'oubliera pas de citer mon mon. On m'entend mais on ne me voit pas encore. Je ne me lasse pas, j'apprends à écrire, à poser ma voix. Je récupère tous les sujets qui passent, y compris ceux dont les autres ne veulent pas, Foire de Paris, circulation routière, incendie de quartier, rentrée des classes... On m'envoie même commenter la première marée noire sur les côtes bretonnes, le drame du *Torrey Canyon*. Premiers impairs, premiers lapsus, premières bourdes... Un soir, envoyé en urgence sur le théâtre d'un incendie dans le XIXe arrondissement, je déclare en direct au 20 heures que, grâce a la rapidité et à l'efficacité des pompiers de la porte Champerret, l'incendie a pu être « circoncis ». Un autre jour, au pied du ring du Palais des Sports, Zitrone me donne l'antenne pour la finale d'un championnat de boxe opposant un champion sénégalais au champion de France des poids moyens. Ayant tout oublié, je me réentends dire à Zitrone : « Ici le Palais des Sports, au moment où vous me donnez l'antenne, un Noir est à terre. »

Des dérapages de ce genre, j'en ai vécu des dizaines. Comment oublier l'un des plus fameux, qui arriva à un jeune stagiaire de Radio Luxembourg un matin au journal de Léon Zitrone ? Le pape Jean XXIII venait de mourir. Haletant, le stagiaire arrive au micro et lâche dans un souffle :

— Le pope est mare.

Zitrone rectifie :

— Vous voulez dire que le pape est mort.

— Oui, oui, je vous le confirme, le saint por est décédé.

Ou encore celui-ci : une speakerine adresse un dernier bonsoir aux téléspectateurs, il est minuit, les programmes de l'époque ne duraient pas toute la nuit. Après un sourire enjôleur ponctué d'un « bonne nuit, faites de doux rêves », et tandis que la caméra pivote vers la pendule indiquant la fin définitive des programmes, on entend la même speakerine lancer, dans un bâillement lascif, persuadée que son micro est coupé :

— Eh bien maintenant, je vais retrouver mon mec, on n'a pas baisé depuis quinze jours.

Le lendemain, nombre de téléspectateurs lui demanderont dans la rue si elle a passé une bonne nuit !

Il nous est arrivé, avec une bande de copains, de taper une fausse dépêche de l'AFP et de faire annoncer à un stagiaire naïf qu'à la mi-temps du match Toulouse-Lautrec, Lautrec menait 1 a 0. Le lapsus, la langue qui fourche, restent encore aujourd'hui la hantise des hommes et des femmes de télévision. Il y a quelques mois, en Belgique, j'ai entendu la présentatrice du journal dire que le roi venait de se fracturer le col de l'utérus...

C'était une belle époque, je le répète sans prompteur ni oreillette. On pouvait faire des gaffes de potaches. J'ai parfois la nostalgie de ce passé folklorique. Certains soirs, j'imagine que j'accélère le prompteur de PPDA ou de Claire Chazal pour provoquer une énorme bourde, suivie d'un irrépressible fou rire. Au train où vont les choses, et avec la multiplication des prothèses et des présentateurs troncs, les bêtisiers ne risquent-ils pas un jour de disparaître, faute de combattants ?

Mais pour l'heure j'entre dans un monde nouveau, à la fois acteur et témoin d'une révolution. Pas une seconde je n'imagine que mon métier deviendra un jour un business, que les chaînes de télévision entreront au CAC 40.

31 décembre 1965.
Aéroport du Bourget

Je voyage de plus en plus. Je vais partout. À Strasbourg pour le résumé de la seconde mi-temps d'un match de handball. À Nice, à Brest, à Toulouse. Partout on se souvient de mon trac à l'antenne lors de ma première apparition, partout on reconnaît le petit provincial monté à Paris.

Ce jour-là, au Bourget, j'attends. Pour le réveillon du jour de l'an, Pierre Sabbagh, Guy Lux et Albert Raisner, l'animateur d'« Âge tendre et têtes de bois », pilotent une opération en duplex : « Têtes de bois en plein ciel ». L'idée, périlleuse, est de faire chanter les idoles en direct des principaux aéroports de l'Hexagone. Les voyageurs sont Claude François, Eddy Mitchell, Alain Barrière, Hervé Vilard, Dalida, Johnny... Un gigantesque défi technique. Une mobilisation générale de la télévision.

À vous Marseille. À vous Bordeaux. Des câbles, des liaisons, des chansons, les micros, le duplex, la télé sur son trente et un pour le 31 décembre 1965. Et moi sur la terrasse du Bourget, qui attends. Je guette un DC 8 de la compagnie UTA qui ramène les chanteurs de Marseille. L'avion n'arrive pas. Le vent est violent, sous ma casquette de marin je suis frigorifié. Depuis Cognacq-Jay j'entends le lancement de Raisner :

— Nous retrouvons notre ami Michel au Bourget... où l'avion de Marseille... À vous Michel Drucker...

— Eh bien oui, Albert, ici Le Bourget, le DC 8 qui a quitté Marseille-Marignane ne va pas tarder à se poser... Il est sur le point d'apparaître...

Mais pas de DC 8. Pas même un malheureux point dans le ciel, rien, un carré gris, dramatiquement vide. Le cameraman me fait signe d'enchaîner, de meubler, de garder l'antenne. Parler, mouliner, tenir quand on n'a rien à dire. L'horreur.

— Voilà, l'appareil devrait apparaître, il ne va pas tarder à se poser...

Dans le casque du cameraman une voix hurle :

— La suite n'est pas prête ! Que le môme garde l'antenne.

J'enchaîne :

— L'avion des vedettes doit être à quelques minutes de la piste.

Deux minutes. deux minutes et demie... Je n'entends qu'un seul mot :

— Meuble... meuble !

Trois minutes quarante. Quatre minutes dix. Brusquement le cameraman brandit une pancarte sous mon nez : « L'avion est posé derrière toi depuis cinq minutes. »

Blême, je poursuis .

— Chers amis, on m'informe que l'avion s'est enfin posé. Ici Le Bourget, à vous les studios.

Les chanteurs ont débarqué depuis bien longtemps et je les ai ratés. Mon estomac est en feu. Penché sur son matériel, le cameraman me glisse : « Bravo petit, merci d'avoir tenu si longtemps. Rassure-toi, là où s'est posé l'avion, on manquait de lumière, les images n'étaient pas diffusables.

C'est beau, la chance. Ma gaffe se métamorphose en bon point. Mais pour moi le réveillon est fini, je ne pourrai pas avaler une huître.

Quelques jours plus tard, pendant que je prépare les dépêches de Léon Zitrone, le téléphone sonne : coup de fil de Michèle Arnaud, Mme Arnaud, une des reines des productions de variétés. Elle a lancé l'ébouriffant Jean-Christophe Averty, un des réalisateurs les plus créatifs, donné leur chance à Guy Bedos, Sophie Daumier, Philippe Bouvard. Cette petite femme à la bouche pulpeuse et à la voix si douce est l'une des personnalités les plus influentes de l'époque.

— Allô ! dites donc, mon petit Drucker, je vous ai vu l'autre soir dans votre numéro au Bourget, si vous êtes capable de faire ça, vous pouvez tout faire. Passez me voir à mon bureau, avenue d'Iéna.

— Maintenant ?

— Mais oui, maintenant, pas à Noël.

J'obtempère. À mon entrée, sans se lever, elle m'inspecte des pieds à la tête.

— Vous faites un peu province, mais ça peut s'arranger. Avant les essais, on va faire les magasins.

Je n'ai pas le temps de répliquer qu'elle est déjà dans le couloir à m'attendre. Chez Ted Lapidus, elle me toise en ne s'adressant qu'au vendeur.

— Un genre chic mais décontracté, vous voyez.

De ma vie, je ne me suis senti aussi empoté.

— Drucker, j'ai oublié de vous dire, je vais lancer une nouvelle émission pour les jeunes à 20 h 30, une fois par mois, la première se fera en direct de province... J'ai besoin de quelqu'un d'un milieu bien élevé et en même temps d'un peu décalé, vous comprenez ?

Au vendeur elle signale un complet en velours vert pomme, consternant... tout en me prodiguant ses conseils.

— Vous ne bavardez pas à l'antenne, hein ! me dit-elle tout en fouillant dans les cravates. Chez moi, un animateur ne doit pas nous faire perdre du temps pour remplir du vide. Le vert, ça vous va.

Je ne pense absolument pas être à la hauteur, mais je souris en boutonnant et déboutonnant l'affreuse veste. Michèle Arnaud continue de me parler en fixant mes épaules, la cravate, le bout de mes chaussures et soudain son œil se relève pour fondre sur moi. Elle soupire :

— Faites-moi un bonjour de début d'émission...

Je m'exécute.

— Non, ça c'est le ton d'un présentateur sportif qui annonce que Bordeaux a battu Saint-Étienne.

Nous finissons par sortir de chez Lapidus avec un grand sac et le complet cintré vert pomme, une chemise rose et une cravate à fleurs.

Je rentre au Service des sports en rasant les murs et je planque mon sac sous le bureau. Une fois par mois je porterai du vert pomme, ce sera ma nouvelle peau de présentateur.

Je vais découvrir alors l'énorme différence entre la télévision « assise » et la télévision « debout ». Passer du reportage sportif aux paillettes n'arrangera pas mon ulcère. Michèle Arnaud ne laisse rien passer. Sans jamais hausser le ton, sa voix douce profère les pires vacheries. J'en arrive à regretter les vociférations de Léon. Mais elle m'apprendra beaucoup durant les deux années de notre collaboration, même si je l'ai haïe parfois. Un sportif vient au micro avec la joie de sa victoire. Un chanteur, lui, vient pour séduire et se vendre. D'emblée, les artistes me paraissent plus fragiles, plus tendus que les champions. Leurs angoisses atténuent la mienne. Je suis à la fois affolé et comblé. Michèle Arnaud m'ouvre le monde des idoles, des héros des sixties. En boucle, j'écoute Johnny, Sheila, Claude François, France Gall, Hervé Vilard, Christophe, Sylvie Vartan...

Je croise les nouveaux partenaires dont je n'aurais jamais pensé qu'ils deviendraient les miens : producteurs, agents, tourneurs, éditeurs, toute une faune inconnue. Un manager, fâché de voir que son poulain n'interprète qu'une chanson, me lance, menaçant, comme si j'étais producteur de l'émission : « Vous avez tort, il va devenir une star mondiale. » Le chanteur s'appelle Tom Jones... Partageant sa loge, je surprends ce géant venu des mines du pays de Galles bourrer son slip de coton avant d'enfiler une tenue de torero bleu nuit à franges blanches. Comme le King qui déferle sur la planète, les chanteurs de rock doivent afficher une virilité sans faille. Les coulisses ressemblent à un cirque, les loges se transforment en vestiaires. Jimi Hendrix accorde sa guitare, Joe Cocker ne boit pas que de l'eau, Keith Richards et les Stones sont déjà à l'ouest, Michel Delpech a l'air d'un premier communiant, Marianne Faithfull marche pieds nus... Les portants croulent sous les vêtements roses et verts, les paillettes argentées. Pour me roder, j'anime quelques galas. Un soir, je fais la connaissance d'un play-boy qui chante *Passeport pour le soleil,* la chanson du film *Les Bérets verts.* Je lui demande son nom. « Bernard Tapy, avec un y, comme Johnny ! » J'ai changé de monde. Sans ballon rond, sans dépêches, sans résultats sportifs, je suis dans un nouveau film, celui des sixties.

La date de ma première émission de variétés approche. Michèle Arnaud me reprend, me coupe, me corrige. Elle me terrorise avec son chic naturel, sa voix miel, ses humiliations en douceur. Elle représente une planète inconnue : la rive gauche où elle a débuté comme chanteuse avec Serge Gainsbourg pour pianiste (qui m'apprendra plus tard la liaison de la patronne avec François Mitterrand). Les allées du pouvoir sont son jardin. Elle est aussi l'amie des Pompidou. Mme Arnaud connaît tout le monde et moi personne.

— Dites donc, Drucker, vous savez au moins le nom de l'émission ?

— Non, madame, je crois que vous ne me l'avez pas dit.

— Si, je vous l'ai dit, mais vous l'avez déjà oublié... Ça s'appellera « Tilt », comme au flipper. C'est un bon titre, non ?

66... année chaotique

Noir et blanc. Deux mille, trois mille personnes ? Je suis en direct, hagard dans mon costume Ted Lapidus vert pomme. Les Sharks de Jean-Claude Petit, en pattes d'éléphant, jouent le générique de « Tilt », premier numéro d'une émission de variétés pour la jeunesse. J'ai vingt-trois ans. Voilà seulement un an j'apparaissais pour la première fois à l'antenne, mes feuilles de résultats sportifs tremblant dans ma main.

Il est 20 h 30 dans ce gymnase de Douai. Michèle Arnaud m'a balancé là, dans un état second. Jean-Pierre Spiero est à la réalisation. Nous sommes l'hiver 1966.

— Bonsoir à tous et merci à tous les habitants de Douai d'être venus si nombreux ce soir !...

Je parle fort. Les gens hurlent. Les jingles assourdissants n'arrivent jamais au bon moment.

— Voulez-vous jouer au Tilt ? Bien entendu vous voulez jouer au Tilt !

Sur scène, derrière moi, une gigantesque liste numérotée de A à L, douze chansons pour lesquelles les gens doivent voter. À chaque chanson correspond une lettre. J'égrène l'interminable liste. Ma propre voix me paraît robotisée, venue d'ailleurs.

— Avec la lettre A, Christophe : *J'ai entendu la mer...* Avec la lettre B : Pascal Danel, *La Plage aux romantiques...* Lettre D : Sheila. Lettre E, Jacques Dutronc avec *Et moi, et moi, et moi...* Lettre G, Pierre Perret... Lettre H, Michel Polnareff, avec *Love me, please, love me...* Lettre I, Adamo. Lettre J, Alain Barrière... – Et aussi Mireille Mathieu, Johnny Hallyday, Maxime Le Forestier...

Je dois être ridicule avec ma cravate à fleurs. S'ils sont devant le poste, mes copains des Sports doivent bien se marrer. J'ai l'air d'un gamin – je suis un gamin. J'ai tout répété, tout appris par cœur, chaque lancement, chaque mot de fin. Mais, sous l'emprise du trac, je ne comprends absolument rien à ce que je dis, au jeu, au règlement, au vote des téléspectateurs. J'ai peur qu'on me voie trembler, encore. Venus du public comme d'un brouillard jaillissent des hurlements.

— Jacques Dutronc est là ce soir à Douai avec *Et moi, et moi, et moi.*

Jeune, séduisant, Jacques entame sa carrière solo après avoir été le guitariste des Cyclones. Mieux que le tube de l'été, sa chanson va devenir l'hymne d'une décennie. En coulisses, Dutronc est déjà un moqueur silencieux. Avec Jacques Lanzmann, son parolier, ils forment un duo irrésistible. Son succès fou auprès des filles n'entame en rien son sens de la dérision. Ce soir, tout le monde débute. Jacques est terrifié comme moi, mais rien ne semble pouvoir altérer la flamme maligne de ses yeux bleus. Sans se prendre le moindre du monde au sérieux, il est à l'aube de sa première tournée colossale.

« Neuf cent millions de crève-la-faim
Et moi, et moi, et moi...
Avec mon régime végétarien... »

Tandis qu'il chante je prépare la suite, terrorisé. L'assistante, Pascale Breugnot (eh oui), me passe un verre d'eau. Tout le monde panique, tout le monde court dans tous les sens.

« J'y pense et puis j'oublie...
C'est la vie, c'est la vie... » [1]

Mon appréhension n'a jamais cessé, mais chaque fois mon mental a surmonté ma peur. Mon premier investissement sera d'acheter le tout premier magnétoscope Akaï pour me regarder. Sans arrêt. Toutes mes apparitions, je vais les décortiquer une fois, deux fois, dix fois, pour me corriger.

1. Tous les copyrights des extraits de chansons cités sont indiqués en fin d'ouvrage (*N.d.É*).

J'annonce Pascal Danel. Sa *Plage aux romantiques* sera le tube de l'été 1966. Les grands hits estivaux sont des slows pour pouvoir danser en se rapprochant enfin des filles. Le train siffle trois fois dans les neiges du Kilimandjaro. Des chansons lentes, douces, au milieu des dunes avec des Pschittt citron, des Pschittt orange et la déferlante du Coca-Cola. La drogue ne sévit pas encore, la France se reconstruit avec du boulot pour tout le monde. La guerre d'Algérie, c'est fini, les accords d'Évian ont été signés il y a quatre ans. Nous ne ferons plus jamais la guerre. Mitterrand a défié de Gaulle, en vain, mais le Général claquera bientôt la porte. Dans deux ans ce sera Mai 1968. Le pouvoir tient l'ORTF d'une main de fer, comme le feront Pompidou et Giscard. Il faudra attendre quinze ans et François Mitterrand pour libérer les ondes. Mais rien ne peut plus freiner l'enthousiasme de la jeunesse, la fabuleuse insouciance des années 1960. Et moi je débarque dans cette époque bénie avec mon trac et ma cravate à fleurs.

« Laissons la plage aux romantiques
Ce soir j'ai envie de t'aimer
Laissons la plage aux romantiques
Allez viens, veux-tu m'épouser ?... »

Jingle. Bravos. Jingle.

— Merci Pascal Danel ! Avez-vous deviné le classement de nos chansons ?... À la sixième place, Pierre Perret et *Les Jolies Colonies de vacances.* En quatrième position, Michel Polnareff, *Love me, please, love me.* Il est là, lui aussi, ce soir !

Un jeune homme trébuche jusqu'au piano, un chat maigre, aux cheveux longs, tout en noir. Il a vingt ans et pas encore ses lunettes blanches. C'est sa première télévision. On dirait le frère de Françoise Sagan. Blond, fluet. Je le connais depuis un an, quand il faisait la manche au pied du Sacré-Cœur. Il a un talent fou, déjà un peu dingue, génial.

« Je suis fou de vous
Pourquoi vous moquez-vous chaque jour
De mon pauvre amour ? »

Immédiatement ce sera un choc. Lui qui adore les femmes, il encaissera aussi vite que sa notoriété cette image d'efféminé propagée par le racisme homophobe de l'époque. Michel le vivra très mal et y répondra avec son goût de la provocation. Sa chanson *Je suis un homme* fera un énorme scandale. Comme cette affiche où il pose nu et de dos. « Les gens qui me voient passer dans la rue/Me traitent de pédé/Mais les femmes qui le croient/n'ont qu'à m'essayer », chantera-t-il. À une époque où les filles ne sortaient pas sans être accompagnées, il fallait oser. Lors de son retour triomphal à Bercy en 2007, après trente ans d'absence, il est tombé dans mes bras en s'écriant : « Mais putain, comment tu fais pour ne pas changer ? » Je n'ai pas admiré tout de suite Michel Polnareff, pas assez, pas autant qu'il le méritait, ni lui ni les autres. Pour nous, dans ce gymnase du Nord de la France, la légende ne se distingue pas encore de la vie. Moi, je suis un copain de leur âge, le type qui les présente à la télévision. Au fond du gymnase, dans la loge ouverte, une ruche de jeunes gens rigole et s'angoisse.

— Nous arrivons au trio de tête ! En troisième position, Sheila avec *Bang Bang*... En deuxième position, avec la lettre L, Mireille Mathieu. Elle va chanter en direct de l'Olympia... À vous l'Olympia !

Sa carrière a démarré un an auparavant, elle et moi aurons débuté ensemble à « Télé dimanche » chez Raymond Marcillac. Dans la loge, je l'ai aidée à boutonner sa petite robe noire. Elle a prié la Sainte Vierge avant d'entrer sur le plateau. Quelqu'un qui meurt de trac m'est immédiatement fraternel. Quarante-deux ans plus tard, en avril 2007, nous nous sommes retrouvés tous les deux à l'enterrement de Raymond Marcillac. J'ai vécu les débuts de toute la variété française. J'ai suivi tant de premiers pas. Mireille, venue d'Avignon et d'une famille de quatorze enfants, est la Céline Dion de son temps. Johnny est célèbre depuis 1962, comme Claude François et Alain Barrière. Hervé Vilard est arrivé en 1965. Dans ce mouchoir de quelques années, toute une génération émerge, elle ne cessera plus de chanter. Comme je ne cesserai plus de les présenter.

Quarante ans plus tard, nous sommes encore là.

— Et maintenant, avec la lettre I, Adamo, dans *Ton nom* ! Il nous reçoit chez lui, en Belgique.

Magnéto. Adamo apparaît, col en V, pantalon noir, politesse absolue, un visage d'enfant à la voix voilée. Depuis son Olympia mythique en 1964, c'est une immense vedette, il est connu jusqu'en Amérique latine. Il a vingt ans, lui aussi. Il va vendre cent millions d'albums à travers le monde. Dans la Belgique des mines, son père, d'origine sicilienne, est maçon. Et mes parents à moi, à Vire, que pensent-ils en me regardant ? Qu'est-ce que je fabrique ? Qu'est-ce que c'est que ce métier de passeur de plats et de présentateur d'énergumènes ? Ils doivent chercher désespérément sur le plateau Isaac Stern, Yehudi Menuhin ou Rostropovitch. Heureusement que le costume vert pomme passe pour gris à l'antenne !

Les Sharks et leurs jingles saluent la fin du reportage avec Adamo.

— Merci beaucoup, Salvatore Adamo, pour ce brillant...

Les cris couvrent ma voix. Les cuivres aussi. La sono est épouvantable. Assommé, je ne comprends rien à ce jeu, dans un tohu-bohu de hit-parade, rien à ce que je dis, au comptage, aux résultats. À ma grande stupéfaction, nul ne semble le remarquer, je ne tremble pas et l'émission avance gaiement. Avant l'antenne, je suis resté seul, cloîtré, à réviser mes fiches. Pourquoi avoir si peur puisque je sais tout par cœur ? Les enchaînements se font mal, le direct traîne. On me souffle : « Lance Tino Rossi. » Depuis sa villa en Corse, le grand Tino se prête à une conversation informelle, ses yeux mi-clos lisant le texte de ses réponses sur des panneaux au-dessus de la caméra.

— La chanson a beaucoup évolué, je trouve, maintenant on chante des textes engagés, sur le Vietnam, sur la bombe atomique. Moi je suis resté fidèle à la chanson d'amour. Jeune, je chantais déjà des sérénades sous la lune et je continue. L'amour, c'est là où l'homme est le plus engagé... La minijupe c'est très joli mais il vaut mieux être jeune et avoir de belles jambes... Quant aux cheveux longs pour les hommes, il vaut mieux être très jeune, je ne me vois pas me faire la tête de Louis XIV...

Impayable Tino. Dans la foulée, sa voix susurre : « Tu n'as que seize ans et, faut voir comme... » Rossi, Mariano, Guétary furent des chanteurs fabuleux, mais Tino était le plus singulier. Une de ses particularités était d'exiger un paiement en liquide pour chaque gala, il comptait lui-même les billets dans sa caravane avant de monter sur scène.

Pendant l'intermède corse, à Douai, fébrile, je révise la suite. Seul, derrière la scène, debout, je suis coupé de tout. Pascale Breugnot me soutient, dans ses yeux passe un goût de meurtre quand elle voit notre productrice s'agiter en coulisses. L'équipe technique est en régie à l'autre bout du gymnase. Pascale, les mains en entonnoir, me crie : « N'oublie pas, maintenant, tu lances Georges Chelon et ensuite Georges Brassens depuis Sète ! » Intérieurement, c'est toujours la panique mais je me cramponne à un seul objectif : pas d'erreur de syntaxe, pas de faute de liaison. Autour de moi, on multiplie les signes : « Souris ! Souris ! » Il faut sourire dans la peur. Tino Rossi achève son *Ave Maria* sous les oliviers de la baie des Sanguinaires.

Je ne sais pas si je suis bon, si je suis mauvais, l'émission repart, tourne, avance. Pas de trou de mémoire. Michèle Arnaud m'a aimablement prévenu : « Travaillez votre vocabulaire car il est particulièrement pauvre. » Dès le lendemain, je me suis précipité dans une librairie pour acheter un dictionnaire des synonymes qui ne quittera plus ma table de nuit.

En 1966, à la télévision, on exige d'un présentateur un français correct, une bonne diction et un joli timbre. La couleur de sa voix, c'est la tessiture du chanteur. Une fois rentré chez moi, les yeux rivés sur mon magnétoscope, je ne me trouve pas bon, je ne reconnais pas ma voix, faussée, mal placée, tendue. La télévision donne l'expérience terrifiante de sa propre image. Longtemps je me suis vu comme ma propre marionnette.

Avant de revenir à Douai, la caméra s'attarde en Corse sur un Renoir de Tino Rossi – Mme Arnaud aime la peinture. Déjà, elle incarne le choix d'allier le populaire et le culturel, monstres sacrés et découvertes. Je m'en souviendrai. Tandis que l'incompréhensible dépouillement des votes bat son plein, je lance la nouvelle chanson de Georges Brassens, mais la séquence préenregistrée ne part pas, lenteur mortelle, blanc – enfin, brusquement, l'homme à la pipe crève l'écran, serein.

« Ma mie de grâce ne mettons
Pas sous la gorge à Cupidon
Sa propre flèche... »

Je l'ai connu et je l'ai aimé. Georges Brassens demeure l'une de mes plus grandes rencontres. Souvent j'ai eu la chance de le voir chez lui, rue Santos-Dumont, dans le XVe arrondissement. En été, quand je passe en hélico dans la région, je ne survole jamais le cimetière de Sète sans penser à lui. Brassens, pour moi, c'est l'artisan orfèvre. Ce soir-là, à Douai, il chanta pour la première fois *La Non-Demande en mariage.* Je me souviens d'un après-midi avec lui et Charles Trenet où ils se sont à peine parlé, ne faisant que chanter, trois heures durant. Brassens connaissait les chansons de Claude François, de Johnny Hallyday et de Sylvie Vartan. Je n'ai jamais vu un homme aussi éclectique, s'intéressant à tout, sans aucun sectarisme. J'étais seul, avec eux, ébloui, sur l'antenne de RTL. Quelques années plus tard, toujours dans les studios de RTL, j'ai assisté à la première émission réunissant Brassens, Brel et Ferré. La seule photo de ces trois monstres sacrés ensemble a été prise ce jour-là. Inoubliable. Les grands s'estiment trop pour se haïr, ce sont en général les petits qui se jalousent.

Avec Brel, nous a aussi réunis la passion de l'aviation. En 1966, cette même année, il va faire ses adieux à l'Olympia avec Michel Delpech en première partie. J'y serai. Debout, comme tous les autres, pour vingt minutes de rappels bouleversants avant qu'il ne redescende des loges en peignoir et en larmes. À quarante ans à peine il a quitté la scène et n'est jamais revenu. Son cancer lui a fait dire au revoir à son public longtemps avant la fin. Il a tourné quelques films avant de partir pour les Marquises. Découvrant sa maladie, il a préféré s'éloigner, vivre pour lui. Une fois bouclé son tour du monde en bateau avec Madly, sa dernière compagne, il est devenu pilote. Durant ses dernières années, il distribuait le courrier d'île en île. Il est mort à cinquante-trois ans. Brel, pour moi, c'est l'Olympia et ces îles du bout du monde. Dans mes pensées, chaque artiste représente un lieu, un pays. Chaque ville s'associe immédiatement à ceux qui y ont vécu. Grenoble, c'est Fugain et Antoine. Saint-Étienne, c'est Muriel Robin et Bernard Lavilliers. Bordeaux, c'est Serge Lama et Pascal Obispo. Toulouse, c'est Nougaro et le chef-d'orchestre Michel Plasson. Les artistes tracent la géographie que je n'ai jamais pu apprendre à l'école.

Quand je revois ce premier « Tilt » de 1966 pour écrire ce livre, toute ma vie défile. Un flash-back professionnel de quarante-deux ans. Beaucoup de ces artistes ont accompli des carrières qui durent encore, d'autres vont disparaître après avoir goûté aux délices du vedettariat. J'imagine combien il doit être douloureux de quitter la lumière. Chanter est une jouissance absolue. Tous les acteurs envient les chanteurs. Être seul devant trois mille personnes à qui on donne du bonheur est incomparable. Moi qui suis toujours là, en piste, je me sens mal à l'aise face à ceux qui sont retournés dans l'ombre, zappés injustement par le public, balayés par les modes, crucifiés sur l'autel du jeunisme et de l'Audimat. Si Françoise Coquet, ma coproductrice, ne veillait pas au grain, mes plateaux recevraient tous les artistes malheureux blessés par l'oubli...

— Et maintenant, amis de Douai, la séquence « seront-ils célèbres ? » avec Gérard Brévan et Patrick Abrial.

Que sont-ils devenus, ces débutants des sixties ? Le public est dissipé, mais généreux. Je suis heureux d'avoir réussi à contenir le tremblement de mes mains avant de revenir sur scène.

— La suite de la séquence « seront-ils célèbres ? » avec Kat et Maxime...

À l'époque, Maxime Le Forestier chante en duo avec sa sœur Kat, l'amie de Moustaki. Pour sa première télé, celui à qui l'on doit une des plus belles chansons du monde, *Né quelque part*, porte une fine cravate noire assortie à son costume et chante déjà avec la guitare sur son genou. Tout se passe bien. Michèle Arnaud sera-t-elle satisfaite ? Suis-je assez rock'n'roll ?

— Et maintenant, amis de Douai, nous partons pour Londres voir ce qui se passe à Piccadilly.

Un tel exotisme provoque une légère consternation dans le gymnase. « Tilt » fut une émission délirante, façonnée par le goût de Michèle Arnaud. Soudain, après Tino Rossi et Adamo, Polnareff et Brassens, un magnéto de vingt minutes nous transporte dans le Swinging London des années 1960 où quatre garçons dans le vent balaient tout sur leur passage. Un fils de lord raconte ses nuits blanches, de club en club, en Aston-Martin, des sujets ultratendance. À Douai, on encaisse mal la vague anglaise, quelques minutes d'incantations bouddhistes, des vernissages d'art moderne. Les Beatles contre les Stones, Donovan ou Cliff Richard ? La mode vient de Times Square et de Piccadilly Circus où Bowie attend son heure tandis que je me ronge les ongles. Quel sera le verdict de la patronne, tout à l'heure, avec son fiel au bord des lèvres ? Ses conseils sonnent toujours comme une sanction. Juste avant le direct, elle m'a encore balancé :

— Michel, si vous voulez progresser, lisez, écoutez de la musique, mais, par pitié, ne passez pas tout votre temps avec des journalistes sportifs. Ils n'ont rien dans la tête, ils sont tous alcooliques, ils jouent tout le temps aux cartes, ce sont les plus fainéants du métier.

— Pourquoi dites-vous cela, madame ?

— Mais parce qu'ils ne travaillent que le week-end, Drucker !

Demain, au bureau, je vais me faire tout petit pour ne pas susciter les quolibets de mes copains des Sports, continuer à préparer les fiches de Léon Zitrone et à placer la fausse pochette dans son veston.

À Douai, le salut de la foule au Swinging London est un peu mou. Londres n'est pas Mireille Mathieu. L'espace de vingt-cinq minutes, « Tilt » est devenu un magazine culturel haut de gamme. Michèle Arnaud le revendique, elle sait ce qu'elle veut et on ne lui refuse rien, à elle, l'amie de Vasarely, d'Henry Miller et de Georges Pompidou.

Jingle. Pour le jeu auquel je ne comprends toujours rien, je promets dix mille francs à d'hypothétiques vainqueurs. Puis la fanfare de Douai réconcilie la foule avec la programmation. Cuivres et flonflons, nouvelle bousculade aux barrières. On attend Johnny, l'idole, qui pourtant est au creux de la vague.

— Merci à la fanfare de Douai... Monsieur Larvais, 5, rue de la Tour-des-Dames à Douai, vous gagnez dix mille francs, c'est une bonne nouvelle. Je consulte votre carte-réponse perforée, c'est pas mal du tout. Vous vous intéressez à la chanson, sans aucun doute ?

— Certainement, oui, oui, je m'intéresse à la chanson...

— Comment avez-vous fait ?

— D'après mes goûts personnels.

Dès que j'ai quelqu'un en face de moi, mon trac diminue. Le contact et l'improvisation des reportages sportifs ont été une école salutaire.

— Merci, monsieur.

De nouveau la fanfare de Douai. Le gagnant disparaît comme un automate, après avoir dit trois mots.

— Et maintenant, nous terminons l'émission avec notre vedette surprise de la soirée. C'est sa rentrée sur scène et à la télévision avec son dernier titre qui n'a pas été classé car il est tout récent : *Noir c'est noir*, de Johnny Hallyday.

Après un an d'absence, Johnny revient, carbonisé d'angoisse. À vingt-quatre ans, il connaît une mauvaise passe, devant des salles clairsemées. Cette chanson-là, adaptée du standard américain *Black is Black*, il n'y croit pas beaucoup.

Dire que dans une autre vie, voilà seulement deux ans, j'ai battu le pavé devant les caisses à Caen pour l'entendre chanter... Ce premier trou dans sa carrière le marquera à vie, mais c'est un loup, il est destiné à être le numéro un. Aznavour écrit pour lui, demain il rencontrera Sylvie. Et puis Johnny va aussi comprendre un élément essentiel : ne jamais s'éloigner de la jeunesse. Pour durer, il faut surfer sur les nouvelles vagues, les modes, sentir le vent, s'accrocher aux jeunes révélations. Cloclo, autre idole, l'a bien compris aussi. De ses débuts de mauvais garçon au quartier de la Trinité, Johnny garde une aura, un calme froid et un œil fulgurant. Il voit tout, sait tout. Après *Noir c'est noir,* il n'aura plus qu'une obsession, rester le numéro un. Sur la fameuse photo de la génération Salut les copains de Jean-Marie Perier, celui qui d'emblée grimpera à l'échelle pour dominer la famille, c'est lui. En 1966, il laisse les minettes à Claude François pour récupérer les mecs, la banlieue et les blousons noirs.

« Noir c'est noir il me reste l'espoir
Gris, c'est gris, qu'y a-t-il dans ma vie ?
Oui gris c'est gris, je n'veux plus d'ennuis... »

Un rock plus dur, avec James Dean pour héros. Du sur mesure, les meilleurs auteurs, une image soigneusement cloutée : boîtes de nuit, jolies filles, voitures de sport... Cette télé aura été capitale pour lui.

— Dis-moi, Johnny, toi qui es un peu du métier, est-ce que *Noir c'est noir* ça va marcher ?

Ses yeux se fendent, il ne répond que par un sourire carnassier.

— Eh bien moi, Johnny, je crois que ça va marcher !

Ovation des Douaisiens.

Mais qu'est-ce qu'on va faire de toi ?

Nous sommes rentrés à Paris ensemble dans sa Jaguar type E, lui inquiet pour l'avenir et moi complètement nase. Michèle Arnaud, avare en compliments, m'a juste lancé : « Pas si mal, Drucker », avec l'élégant sourire de son rouge à lèvres. De toute façon, dans le bolide de Johnny je suis passé à une panique nouvelle, il roule si vite qu'on va probablement se foutre en l'air. S'il ne se souvient pas de ce retour à Paris à plus de deux cents kilomètres à l'heure, moi, si.

... Et 68

Si l'insuccès crée des doutes, le succès en génère autant – peut-être même davantage. Ce vent qui vous pousse, combien de temps va-t-il souffler ? Pourquoi vous ? Comment rester dans la vérité ? Qui vous donne votre poids ? Il faut pouvoir compter sur la garde rapprochée d'une famille et sur des amis sûrs. L'inquiétude ne disparaît jamais, elle est même probablement la première énergie de mon métier si étrange.
Ça tombe bien, je suis né dedans.

Durant les jours qui ont suivi la diffusion de « Tilt » je suis devenu, moi, le gamin des Sports, une petite vedette qu'on aperçoit dans le sillage de Johnny, Cloclo, Sylvie, Sheila... Dans la rue, on me sourit. Au public de la France profonde s'ajoute maintenant celui des mômes – des *teenagers,* comme on les appelait. Enfin, les enfants d'« Âge tendre et têtes de bois » trouvent leur représentant cathodique, je deviens le trait d'union entre la jeunesse et les sixties. Je prends ma place dans l'époque, sans être pour autant plus sûr de moi.

Plus tard, je découvrirai que l'un des gros dangers de nos métiers est de penser avoir droit au même statut que ceux que nous présentons. À force d'être vu en compagnie de Jean-Paul Belmondo, Alain Delon, Joe Dassin ou Serge Lama, d'incarner un réel pouvoir parce que les artistes ont besoin de nous, on pourrait prétendre être soi-même une star... Grave erreur.

C'est toujours faux.

L'animateur n'est pas un créateur. Il ne laissera rien, sinon un flot d'images qui un jour seront recyclées. Il passe les plats, steward sur un vol où les stars sont ses passagers. Certes, son influence, sa notoriété sont réelles et sa vie peut parfois paraître semblable à celle des grands artistes, mais que pèse une présentatrice du journal télévisé ou un animateur d'émission de variétés face à Romy Schneider et Philippe Noiret dans *Le Vieux Fusil* ? Seul point commun, l'homme de télévision doit lui aussi désormais se confronter au box-office. L'Audimat est son nombre d'entrées, sa vente de disques. Hors du cercle magique, il n'est rien. Je vais bientôt en faire l'expérience.

Là encore, la voix douce et le ton sec de Michèle Arnaud restent gravés dans ma mémoire :

— Vous savez, Drucker, ne vous la jouez pas. Pour être chic, vous devez respecter quelques éléments de base, ce que j'appellerais les fondamentaux, le blanc, le noir, le bleu marine, le blazer, la flanelle grise. Mais ne croyez pas que les gens, ceux que l'on appelle les petites gens, n'aient pas le goût du beau. Au fil des années, ils vont apprendre à regarder, à aimer. Il faut savoir leur donner ce qu'ils attendent, et dans le même temps ce qu'ils n'attendent peut-être pas. Ce qu'ils aiment et ce qu'ils pourraient aimer. Ce n'est pas seulement une notion de style ou d'élégance, il faut savoir qui est en face de vous, le savoir naturellement, authentiquement. Vous l'apprendrez au fil des années ou, hélas, vous ne le saurez jamais. En tout cas, votre métier, ce n'est pas la célébrité !

Elle avait raison. Faire de la télévision est un métier de modestie. Même Michèle Arnaud, femme redoutable et redoutée, l'une des personnalités les plus en vogue des années 1960 et 1970, n'avait aucune condescendance envers le public. C'est un profond mépris que de penser qu'un programme sera toujours assez bien pour « les braves gens ». Je n'ai jamais oublié ses mots. Avec Françoise Coquet, dont le bon goût et l'élégance me rappellent souvent ma première patronne, nous avons toujours essayé de ne pas nous adresser aux téléspectateurs en termes de « consommateurs ». La dictature de l'émotion n'a jamais eu beaucoup de prise sur nous, nous avons toujours voulu faire la différence entre un gros plan larmoyant et un plan large silencieux. La télé voyeuse, celle qui lorgne par le trou de la serrure, celle qui fait son beurre de la détresse morale, de la misère sexuelle, celle qui filme les désœuvrés de la télé-réalité comme des rats de laboratoire, ne sera jamais le mienne.

La ligne est certes délicate à tenir, elle s'arbitre chaque jour, y compris dans un service public qui a lui aussi ses contraintes économiques et son obligation d'audience. Sur ce débat entre pudeur et impudeur, je me souviens d'un exemple, ici même où j'écris ce livre, en Provence. Dans les heures qui suivirent la finale de la dernière Coupe du monde et le fameux coup de tête de Zidane dans la poitrine de Materazzi, j'ai reçu plusieurs coups de fil de mes confrères. La plupart me demandaient d'interviewer les parents du capitaine des Bleus pour obtenir à chaud leur réaction après ce que toute la France vivait comme un drame. J'ai longuement hésité, ma première réaction étant : « Vous savez, les parents de Zidane sont d'une très grande discrétion. Ils n'aimeront pas qu'on parle d'eux, surtout dans ces circonstances. »

Les gens sont en général bien plus réservés que ne l'imaginent nombre de producteurs de télé-confession. J'aime cette pudeur. Il y a chez Zidane et ses parents un silence qui m'impressionne. Zinedine, je l'ai connu au centre d'entraînement de Clairefontaine, avant la Coupe du monde de 1998. Aimé Jacquet, le sélectionneur de l'équipe de France, m'avait dit : « Tiens, va frapper à la porte de cette chambre, il y a un joueur qui aimerait bien te saluer. » C'était Zizou. Il avait vingt-cinq ans et partageait sa chambre avec son copain Christophe Dugarry. Stupéfait de me voir, maladivement timide, les yeux baissés, il m'a murmuré : « Mon père Saïd aimait beaucoup vos commentaires de foot. » J'ai été frappé par le regard et la silhouette de celui qui allait devenir le plus grand footballeur du monde. Manifestement, il n'était vraiment à l'aise qu'avec une balle au pied. Je lui ai proposé d'appeler son père, ce que nous avons fait directement sur son portable : M. Zidane n'en revenait pas. Quelques mois plus tard, j'ai rencontré les Zidane aux Pennes-Mirabeau, près de Marseille, et nous nous revoyons depuis, de temps en temps, chez eux ou chez moi. J'entretiens avec cette famille une relation à la fois chaleureuse et muette. En pensant à ces parents venus de Kabylie, ayant vécu la difficulté des travailleurs nord-africains dans les années 1960, j'ai finalement renoncé à les faire témoigner après cette sortie de terrain dramatique de leur fils sous les yeux du monde entier. Sachant combien ils vivaient douloureusement l'épisode final de cette si grande carrière, je les ai laissés à leur chagrin, derrière les volets clos de leur pavillon, déjà cerné par des dizaines de caméras.

Des familles comme celle-ci, j'en ai croisé beaucoup dans ma vie. Durant ma jeunesse, mon père les soignait pour rien. En cas de malheur, elles deviennent vite la proie des médias qui savent que les larmes font vendre. La droiture de ces gens, leur noblesse, on ne l'évoque jamais assez, ni moi ni les autres, par peur de la démagogie sans doute. Pourtant, le lien qui m'attache à cette France-là est l'honneur de mon métier.

Intimité ne veut pas dire impudeur. Certains de mes illustres prédécesseurs, en leur temps, savaient faire la différence entre les deux, même si la limite est parfois ténue. Pierre Desgraupes ou Pierre Dumayet savaient la respecter. Je me souviens de la dernière interview d'Édith Piaf, par Desgraupes, pour « Cinq colonnes à la une ». Piaf était une épave, avouant son besoin de boire pour chanter. Les mêmes questions dans la bouche d'un autre auraient sonné comme une faute. Personnellement, cette limite je l'ai apprise, ou plutôt je l'ai sentie se dessiner en moi très tôt. Je la dois à mes parents, sans doute. Au fil du temps, elle est devenue ma boussole.

Après le succès de « Tilt », Michèle Arnaud – toujours elle – se chargea de m'inculquer une ultime leçon :

— Dites donc, Drucker, pas la peine de faire cette mine satisfaite, n'oubliez jamais qu'une émission n'est pas forcément bonne parce qu'elle a eu du succès.

1943… Jusque-là, tout va bien.

Jardin des Tuileries dans les années 1930. Ma mère et sa meilleure amie Steffi.
Elles s'étaient connues sur les bancs de l'école, à Vienne.
À l'arrière-plan, mon père en Cary Grant.

Décembre 1930.
Mes parents viennent de se marier
à Ploemeur, dans le Morbihan,
pour le meilleur et pour le pire.
Elle a vingt-quatre ans, lui vingt-sept.

Années 1930. Jeune interne
au sanatorium de Kerpape-Ploemeur,
mon père est encore de nationalité
roumaine. Il ne deviendra français
qu'en 1937, sur décret du ministre
de la Justice Vincent Auriol.
Le maillot de bain de ma mère
est toujours à la mode.

Lola Schafler, née le 27 mars 1906 à Vienne, en Autriche. Une femme de devoir, douce, réservée. Ses trois fils ont été toute sa vie.

Abraham Drucker, né le 15 novembre 1903 à Davideni, près de Czernowicz, en Roumanie. Volcanique, charmeur, tourmenté… Un grand médecin de campagne. Soigner les autres a été toute sa vie.

« La belle maison du Dr Drucker » dont mon père était fier, avenue de la Gare, à Vire. De la fenêtre de ma chambre au deuxième étage (à droite), j'ai longtemps guetté le train Granville-Paris…

Nous cinq devant la maison. On aperçoit (en haut à droite) la plaque de médecin de mon père. Elle a été déposée, avec ses cendres, dans son jardin en Provence, près d'un olivier.

Jean et moi.
Sans commentaire…
J'en ris encore
aujourd'hui.
Et en plus
on m'appelait
Michou !

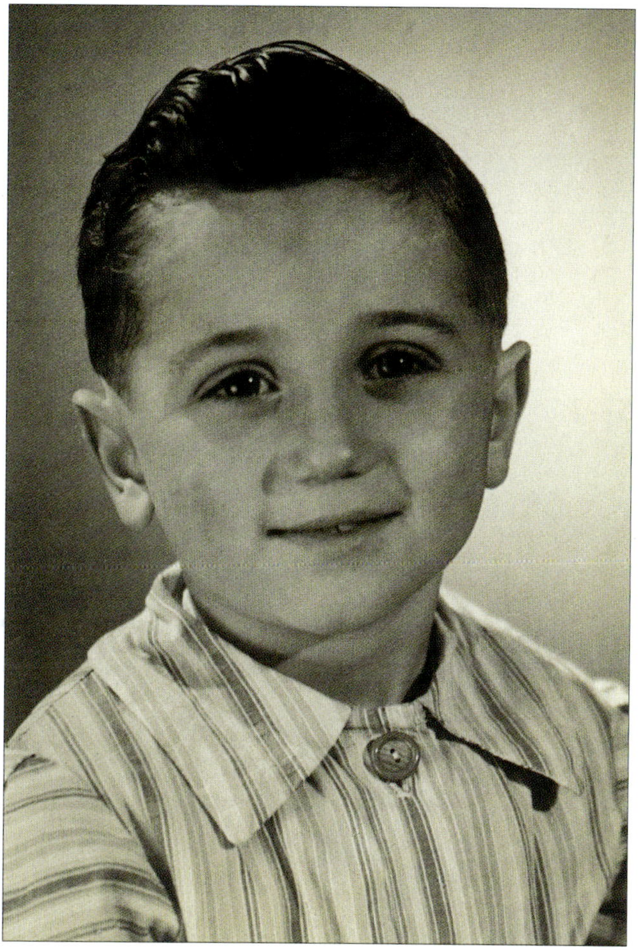

À quoi je pense devant l'objectif de M. Polda, le grand photographe de l'avenue de la Gare, à Vire ? Sur ce visage d'enfant, soixante ans après, je devine déjà l'angoisse.

1952, fête de l'école communale. J'ai dix ans. Qui pourrait croire qu'un jour je présenterai « Champs-Élysées » ?

1955. Vacances sur la plage de Saint-Pair, près de Granville.
Dix-huit degrés en août, température de l'eau : quatorze degrés…
Mais le plus mauvais souvenir, ce sont les maillots de bain en laine
tricotés à la maison !

J'aime le regard déjà profond de mon frère Jean. Il me protège. Nous n'avons qu'un an d'écart mais déjà quelque chose nous sépare : il est premier de la classe, et moi je rame…

Ma mère est si jolie – vous ne trouvez pas ? Michel, Jacques et Jean. Le cancre, le futur professeur de médecine, le futur énarque.

Jean aimait beaucoup cette photo.
Je l'ai toujours admiré, c'était lui
la star de la famille.
Je gardais toutes mes économies
pour lui offrir des billes
le jour de son anniversaire.

Première communion.
Ma mère trouvait
que ça faisait désordre
pour des juifs.
Mon père, Abraham,
avait ses raisons…

1972. Je viens de rencontrer Dany, et elle m'offre le plus précieux des cadeaux : sa fille Stéfanie.

28 juillet 1973.
Dans une chapelle de Las Vegas, je me jette à l'eau…

… En moins de dix minutes, j'épouse l'actrice Dany Saval devant un shérif expéditif. Mes parents ne l'apprendront qu'un an plus tard.

© M. Jeanneau/Sipa Press

Paris, 1978. Mon père est très heureux : je reçois enfin… un prix !

© M. Ginies/Sipa Press

Entre ses deux aînés, ma mère fait un gros effort. Elle n'aimait pas les photos.

Photos : © R. Jeannelle/*Paris Match*/Scoop

1978. Pour *Paris Match*, à l'occasion de la sortie de mon roman *La Chaîne*, la dernière photo de mes parents entourés de leurs trois fils. Ils se sont séparés… après quarante ans de vie commune.

Toujours en 1978, au bois de Boulogne. Une photo unique : les fils Drucker avec leurs parents, leurs enfants et leurs épouses.

Stéfanie, que je considère comme ma fille. Son père Maurice Jarre, son frère Jean-Michel et sa maman Dany lui ont transmis leur talent. Elle est une des décoratrices les plus respectées de la télévision et du théâtre et… ma préférée.

Léa et Marie,
mes nièces.
Ce sont des Drucker:
tenaces, bosseuses,
ambitieuses.
Je suis si fier d'elles.

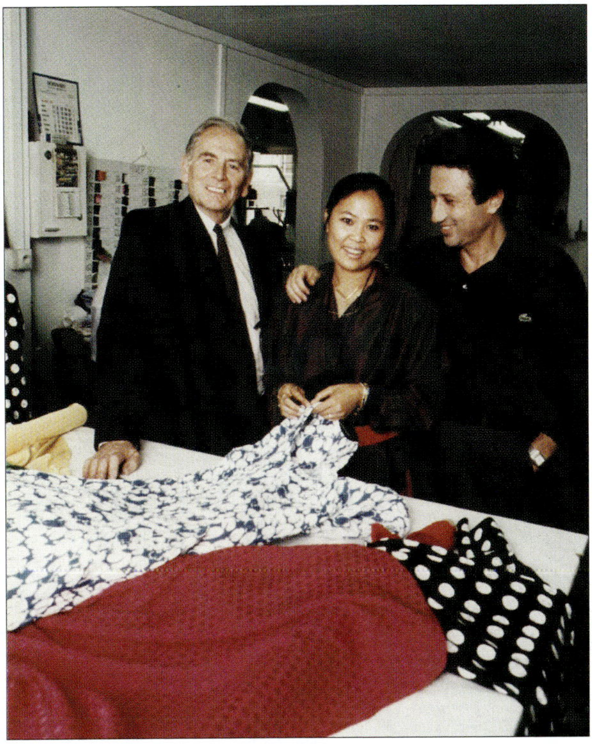

Yleng, notre « seconde fille », rescapée de l'enfer des camps du Cambodge en 1978. Elle est aujourd'hui l'une des plus proches collaboratrices du couturier Pierre Cardin.

En 2000, le clan au complet. Les trois frères, leurs trois filles… et Olga.

Avec Jean en Provence, l'été 2002.
Notre dernière photo.

Il avait tout.
Nous avions
tant de projets
à vivre ensemble.

Été 2007, dans les Alpilles.
Le vélo, mon meilleur médicament
avec la natation.

— Oui, madame.

Si tel était le cas, cela signifierait que *La Danse des canards* est une meilleure chanson que *Les Feuilles mortes*, que *Les Charlot en Espagne* valent mieux que *La Liste de Schindler*. Que *Camping* dépasse de loin *Le Pianiste* de Polanski. Ou que les tabloïds sont des journaux plus importants que *Le Monde* ou *Le Nouvel Observateur*.

Lorsqu'il acheta TF1 en 1987, Francis Bouygues avait déjà compris qu'il existe une hiérarchie parallèle à l'audience, une quête de qualité vitale pour une grande chaîne, même commerciale. Je me souviendrai longtemps de notre long entretien au siège de Bouygues Travaux publics à Clamart. Après que j'eus renoncé au dernier moment à rejoindre la première chaîne privée française – malgré ma promesse à Patrick Le Lay –, Francis Bouygues avait tenté de me convaincre lui-même de revenir sur ma décision. Il me proposait de créer pour TF1 un « Champs-Élysées » version télévision privée, sans comprendre mes inquiétudes.

— Pourquoi ces états d'âme, Drucker ? Je vous propose trois fois ce que vous gagnez dans le service public, un contrat en béton (c'était bien le mot), doublé d'un rôle de conseiller. Que vous faut-il de plus ?

— Monsieur Bouygues, ce n'est pas une question d'argent, les sommes que vous me proposez sont impressionnantes, mon souci, c'est précisément ce que vous allez me demander de faire pour autant d'argent.

Ma volonté était de pouvoir conserver le style de mes émissions, je ne me sentais pas capable de faire un autre type de télévision. Finalement, je déclinai sa proposition.

La une de *Libé*, photo à l'appui, le lendemain de ma décision, fit un tabac dans ma famille : « Drucker renonce à TF1 : " Ma mère n'aurait pas compris ". »

Je perdais une fortune, mais Desgraupes ne m'avait-il pas dit, en me confiant « Champs-Élysées » : « N'oubliez pas, Drucker, l'image c'est l'audience de demain. »

Ce n'est que trois ans plus tard, poussé dehors par un nouveau patron du service public – j'y reviendrai – que j'ai rejoint un temps les allées dorées du privé.

Une autre rencontre avec un grand capitaine d'industrie m'a laissé un souvenir amusé. Dans les années 1970, Marcel Dassault, le grand avionneur, veut que je signe des critiques de cinéma dans son célèbre journal *Jours de France*, le *Gala* de l'époque.

Il me convoque dans son somptueux bureau du rond-point des Champs-Élysées où chaque collaborateur peut amener... son chien. Je découvre un petit monsieur, assis sur le bord de son fauteuil, dont la silhouette est inversement proportionnelle à la puissance. Marcel Dassault vivait avec un degré de température en moins depuis qu'il était revenu du camp de concentration de Buchenwald ; mon père l'avait croisé à Drancy. Frileux, il porte en toute saison un manteau et une écharpe en cachemire. Sa voix traîne et nasille comme celle de François Mauriac. Un vrai personnage de film (il en a d'ailleurs produit beaucoup ; il les projetait dans sa salle de cinéma des Champs-Élysées). Dassault incarne le grand magnat des affaires des années 1970, comme son empire l'atteste encore aujourd'hui.

— Alors, me dit-il. Ah oui, vous êtes Michel Drucker ! Voilà, j'aimerais que vous nous fassiez des papiers en cravate, hein... Vous voyez ce que je veux dire ? Je vous vois le dimanche, vous plaisez beaucoup à Mme Dassault. Vous êtes bon chic bon genre, bien habillé, c'est tout à fait le ton que je cherche. Pas trop de phrases, vous n'êtes pas un intellectuel, j'espère ? Je m'en doutais. C'est très bien, vous allez me faire des articles où quand une actrice aura un vilain nez, eh bien vous direz qu'elle a de beaux cheveux. C'est ça le style *Jours de France.*

Un an durant, j'ai été chèrement payé pour dire du bien de films navrants. Le rédacteur en chef, n'en pouvant plus, laissa passer par inattention un de mes papiers, plus long que de coutume, vantant un film engagé et avant-gardiste qui avait pour titre *Nous sommes tous des juifs arabes.*

Dans les jours suivants, j'ai reçu un chèque confortable de la comptabilité m'informant que pour des raisons de pagination ma rubrique était supprimée. Inconsciemment, j'avais sans doute espéré que Serge July, patron de *Libé,* me proposerait des piges, collaboration qui aurait enfin enchanté ma mère – elle n'a jamais su que j'avais travaillé pour *Jours de France.*

Au printemps 1966, quand je me balade en province, j'aperçois parfois ma tête à la une des magazines pour jeunes dans les kiosques à journaux. Cette « publicité » me trouble et irrite ma famille. Je reçois cinquante lettres par jour. À la différence des miens, tous les parents de France me souhaitent bonne chance pour ma carrière. Une relation très forte avec des millions de gens commence. Toute une génération va m'accompagner, ceux qui ont une vingtaine d'années vont bientôt se marier, avoir des enfants. Un jour ils auront quarante ans, et derrière eux les enfants du baby-boom seront devenus des adolescents. Ceux qui allaient vers la trentaine ont aujourd'hui... soixante-dix ans ! Un homme qui regardait mes émissions jeune les a vues ensuite avec son fils, sa fille... Cette fille qui aujourd'hui attend son premier enfant. Ces quatre décennies me rassurent et me bouleversent en même temps. Ai-je vraiment vécu cela, traversé toutes ces vies ?

Au milieu des années 1960, je n'ai pas le temps d'y penser. Tous les professionnels de Cognacq-Jay, les pionniers, ont la cinquantaine et moi l'âge d'être leur fils. Pas une seconde je n'imagine qu'un jour j'aurai moi aussi cinquante ans et que je serai toujours... à la télévision.

Tendu, je progresse, le succès est devant moi, les journées sont longues, les nuits courtes, il fait beau, la France est heureuse. Après trois années au côté de Michèle Arnaud et tout en poursuivant mes reportages sportifs, je vais vivre deux expériences capitales : ma prise de conscience politique et un coup de pied au cul.

Je vais faire Mai 68.

Derrière nos murs épais de Cognacq-Jay, j'entends d'abord une rumeur, un chahut de faculté. Trois noms reviennent sans cesse : Cohn-Bendit, Geismar et Sauvageot. Moi, je vis tête baissée dans les dépêches de sport, les oreilles dans les chansons de Johnny et de Bob Dylan, les pieds sur un ballon de foot. Les étudiants me paraissent vivre dans le Pacifique sud. Toujours au pas de course, hors de l'antenne, je n'entends rien, je ne vois rien.

Chez nous, temple de l'information, absolument personne ne mesure ce qui va arriver. Les étudiants sont descendus dans la rue... ah oui, ah bon ! Les ouvriers s'interrogent... ah oui, ah bon ! Moi, j'accompagne Cloclo faire sa couleur chez Carita et je colle aux talons de Roger Couderc au stade de Colombes. Mes bibles sont *L'Équipe* et

Salut les copains, Podium, Rock and Folk, les revues de cinéma... Je n'ai jamais ouvert *Le Monde* ni *Le Nouvel Obs.*

Et puis d'un coup, c'est la pagaille, la panique. Pire : la grève. « La chienlit », dira de Gaulle. Les syndicats nous appellent à cesser le travail... Nous cessons donc le travail. Brusquement, la télé n'émet plus – enfin presque plus. Soudain, plus rien à faire. Grève ? Bon, d'accord. Je ne suis pas contrariant. Pas syndiqué, mais par solidarité je suis le mouvement.

La voix d'Ivan Levaï sur Europe 1, le timbre matinal de Jean Ferniot sur RTL évoquent le grondement qui enfle. Très vite, le journal de la télévision va se faire dans le pilier nord de la tour Eiffel, sous protection militaire, avec une poignée de journalistes « loyaux » (ce studio existe toujours, prévu pour émettre en cas de conflit).

Cognacq-Jay se scinde en deux, entre grévistes et non-grévistes, les premiers représentant une majorité des deux tiers. Tous les hommes que j'estime à la rédaction sont grévistes, alors forcément moi aussi : Darget, Zitrone (même Léon vote la grève ! Non par conviction mais sous la pression de ses camarades), Chapatte, Couderc, toutes les grandes pointures...

Raymond Marcillac, en patron, assure le journal avec sa garde rapprochée, en liaison directe avec le Premier ministre Georges Pompidou et son ministre de l'Information Alain Peyrefitte. Les gaullistes tiennent la boutique. La télévision est entièrement verrouillée, une télévision d'État au service du Général – la première star de l'antenne, c'est de Gaulle. Le grand Charles m'impressionne. J'ai parfois vu ses conférences de presse vertigineuses, sans la moindre note, planqué dans les rideaux de la salle des Fêtes de l'Élysée, à quelques mètres de lui. Je sais que chaque matin, dans son bureau, Alain Peyrefitte reçoit une première mouture des conducteurs des journaux de jour. Cette pesanteur, le mot est faible, me pousse à la révolte. Sur le thème « libérons l'information, libérons l'ORTF », je vais battre le pavé en criant aussi fort que les autres : « Té-lé bâi-llo-nnée, In-for-mation é-tou-ffée ! ! !... »

La crise est née à Nanterre, d'une poignée d'étudiants contestant le recteur sur un sujet vital pour la jeunesse : davantage de mixité entre filles et garçons. Grande et belle cause ! Dans la foulée du printemps, la flamme se propage à une vitesse phénoménale dans le petit Paris du Quartier latin, à des années-lumière de la province. La presse s'empare de cette effervescence. D'abord par jeu, les étudiants décident de défier les forces de l'ordre, à la tête desquelles un préfet de police remarquable, Maurice Grimaud, évitera bien des drames.

Et nous voilà partis pour trois semaines de « chienlit »... La télé n'émettant pratiquement plus, le pouvoir de la radio devient colossal. Les ondes transmettent l'air chargé d'électricité.

Philippe Alfonsi, reporter à l'époque pour RTL, m'a rappelé la concurrence acharnée entre les deux stations reines, RTL et Europe 1, et les prestations échevelées de Jean-Pierre Farkas tendant son micro aux étudiants insurgés, diffusant en direct les négociations avec le recteur de la Sorbonne ou, ivre d'audience, exhortant les auditeurs parisiens à apparaître aux fenêtres avec leur transistor à bout de bras. Scène qui rappelle irrésistiblement Sidney Lumet et son extraordinaire *Network*, un de mes films préférés. Les stars de Mai 68 auront été aussi les radioreporters, courant dans les fumigènes entre les forces de l'ordre et les émeutiers.

Ignare en politique, dans une confusion intellectuelle totale, je découvre tout à trac les assemblées générales, Sartre, la CGT, Force ouvrière. Emporté, comme tout le monde, je me prends pour Che Guevara, tout en me tricotant une conscience de classe. À Vire, mon père, très inquiet, découvre la photo de son fils parmi les manifestants à la une des journaux et son nom dans la tonitruante pétition des journalistes de télévision en grève publiée par *Le Monde*. Moi, j'en suis très fier – ma mère va enfin lire mon nom dans un journal sérieux.

Au fil de mai, chaque week-end, nous partons sillonner la France profonde pour réveiller les pauvres terres aveugles de province. Et on y va : l'information n'est pas libre en France ! Nous sommes une dictature, un goulag quoi, tout juste si nous ne vivons pas le calvaire des victimes du stalinisme... Tout cela en sautant dans les voitures de nos papas. Avec mon copain Leny Escudero, qui vit avec une femme du monde, nous chargeons les pavés dans le coffre de sa Jaguar avant de filer vers les rues chaudes. J'ai l'impression d'être à Budapest en 1956, de vivre mon Printemps de Prague ! Ne manquent que les chars d'assaut... Je suis de toutes les nuits de la Sorbonne. Godard, Chabrol, Truffaut parlent, au fond de l'amphithéâtre je ne les entends pas, assis dans les premiers rangs je les comprends à peine, mais j'applaudis à tout rompre. Sur les murs, à tour de bras, nous taguons « Il est interdit d'interdire ». Sur son tonneau, je vais entendre Jean-Paul Sartre haranguer la foule des ouvriers Renault de Boulogne-Billancourt. Je lui serre la main quand il en redescend. C'est de plus en plus évident : je suis un révolutionnaire ! Fini *Podium* et *Salut les copains*, je me précipite sur *Les Séquestrés d'Altona*, *Les Mains sales*, *L'Être et le Néant*. Je n'atterris plus, je juge les éditos de Françoise Giroud, je deviens un militant tout-terrain, prêt à tous les sacrifices pour arracher la France à son régime d'oppression. Un mois de délire. Avec Jean-Paul Belmondo et notre équipe de foot, Les Polymusclés intermittents, nous organisons un match au profit des grévistes de l'ORTF. Malheureusement Claude Brasseur, qui à l'époque pèse quatre-vingt-dix kilos, me fracture un pied.

Dans le plâtre, je tiens mille forums, en débitant un nombre hallucinant de conneries. Toute la presse est solidaire de toute la presse. Et j'y vais, je balance, contre cette république bananière, contre la dictature du grand Charles, contre ce système pourri où le ministre de l'Information fabrique le journal télévisé. Derrière les meneurs, je suis le plus jeune rebelle de l'ORTF. La montagne Sainte-Geneviève, c'est la Grèce des Colonels. Démence totale. À Vire, mon père frôle la crise cardiaque.

Nous nous accrochons à nos convictions, bien obligés, nous n'avons plus qu'elles. À l'Élysée, le Général a ordonné à son Premier ministre Georges Pompidou de virer sur-le-champ toutes les célébrités grévistes de la télévision. On ne badine pas avec l'ORTF. Gonflés à bloc, nous demandons au public camarade d'exiger notre réintégration. Avec une prétention inouïe, et naïve, je me demande même comment la France et sa télévision vont pouvoir vivre sans nous...

En 1968, j'ai appris une chose essentielle pour la suite de ma vie : le peu d'importance du microcosme, sa puissance et son ridicule. Grâce à lui, ce qui n'est qu'un confetti à Orly peut faire tache d'huile au Quartier latin.

On connaît la suite, l'Histoire. La vague s'est arrêtée net. On a rouvert les pompes à essence, un raz de marée de droite a balayé l'Assemblée nationale. Les événements de mai, tout le monde s'en fout. Vive les vacances !

Sauf que nous, nous avons perdu notre job. Chapatte, Couderc, Zitrone, Darget et les autres quittons la lumière pour l'ombre du licenciement sec. Et moi, le plus jeune, je me demande bien ce que je vais devenir.

Mon père m'ordonne d'aller ramper rue Cognacq-Jay pour récupérer une place, n'importe laquelle. Je lui réponds : « Jamais ! Je ne renierai pas ma cause. » Je le revois encore, hurlant : « Mais quelle cause ! Tu n'as aucune culture politique, ignare que tu es ! »

Viré à Vire, avec un chèque de douze mille francs de l'époque, mon pied dans le plâtre, je me retrouve avec mes cannes à la case départ face au tribunal familial. Dix ans plus tard, retour à l'étang de Saint-Sever pour m'expliquer sur mon attitude. Je suis anéanti. Mon père ne décolère pas.

— De quoi tu souffres ? On t'empêche de quoi, on te bâillonne quand tu commentes un match de foot ? Johnny Hallyday et Mireille Mathieu sont des martyrs, peut-être ?

— Si, si, oui, oui papa, on est opprimés ! L'expression n'est pas libre à la télévision.

À Paris, le mouvement se termine tristement. Mai 68, c'est fini. La France demande aux étudiants de rentrer chez eux. Psscchhit. Je vais faire un tour à l'assemblée des anciens pour réclamer un peu de soutien, je me sens seul, là-bas, à Vire, avec mon pied dans le plâtre.

C'est tout juste si on m'écoute. Dans la rue, on ne me reconnaît déjà plus.

Et, un matin, mon père me repose cette question que j'avais fini par oublier...

— Et voilà Michou... Qu'est-ce qu'on va faire de toi, maintenant ?

Mai 68 reste ma plus grande expérience sur la nature humaine. Face à l'adversité, j'ai vu la plupart des confrères – à l'exception de quelques tenaces – raccrocher au vestiaire leur haute conscience politique. Ceux qui distribuaient les tracts ont repris le travail. La presse rentre dans le rang, les vendus de mai sont les patrons de septembre. Mais les virés restent virés. Les « vedettes », à qui la « révolution » a demandé de s'engager parmi les premiers pour soutenir la lutte de milliers d'inconnus, n'intéressent plus personne. Les anonymes sont au boulot et les célébrités sur le carreau.

Léon Zitrone est terrassé, loin de tout, cloîtré dans son appartement place Clichy.

— Michel, vous qui voyez du monde, sondez l'opinion. Mon public doit me réclamer, la France me demande, j'en suis sûr.

Il a presque perdu la boule, ce qui m'a d'ailleurs inspiré un roman dans les années 1970, intitulé *La Chaîne*[1]...

---

1. Éditions J. C. Lattès, Paris, 1979.

Le grand rêve insouciant des années 1960 s'achève sur ma paire de béquilles. Seules quelques utopies demeurent, moi aussi j'ai failli partir manger des graines dans une ferme du Vercors...

Ironie du destin, trente ans plus tard, Daniel Cohn-Bendit, Dany le Rouge, notre éphémère Che Guevara, l'idole de la jeunesse, acceptera d'être le premier invité politique de « Vivement dimanche ».

Mai 68 m'aura ouvert les yeux sur ceux qui font l'opinion. J'ai découvert Françoise Giroud et l'équipe de *L'Express*, celle du *Nouvel Obs* autour de Jean Daniel, les unes de *Libé*, le *France-Soir* de Pierre Lazareff, *L'Aurore*, *Les Temps modernes*, l'influence des grandes signatures. Au-delà du Service des sports et des plateaux de variétés, je me lie aussi avec une nouvelle bande de copains, Mougeotte, Gildas, Elkabbach, Lescure – qui tous deviendront des patrons. Plus tard, à Matignon, je croiserai Jacques Chaban-Delmas qui trébuchera sur son projet de « Nouvelle société » dont ne voulait pas Pompidou. Bientôt, je rencontrerai le directeur de cabinet du Premier ministre, Jacques Delors. Et sa fille, Martine Aubry, en stage à *France-Soir*.

Mais celui qui m'impressionnera le plus s'appelle Philippe Labro, probablement l'homme le plus complet de ce métier. Homme de télévision, conseiller, grand reporter, metteur en scène, romancier... il a tout connu et tout réussi.

Mai 68 m'aura enfin fait découvrir deux hauts fonctionnaires de trente-trois ans, deux jeunes loups, Jacques Chirac et Édouard Balladur, membres du cabinet de Georges Pompidou. J'avais entendu parler d'eux chez Michèle Arnaud dont la maison de campagne jouxtait celle du couple Pompidou. Jacques Chirac avait activement participé aux fameux accords de Grenelle qui suivirent Mai 68 avant que le Général ne claque la porte. Il était alors la jeune étoile montante de la politique. Pompidou croyait en lui. Édouard Balladur, grand commis de l'État, fit la carrière que l'on sait, avant de se fâcher en 1995 avec son « ami de trente ans », pour des motifs que l'on sait aussi. La carrière de Chirac sera éblouissante mais il va me falloir attendre presque quarante ans pour le rencontrer vraiment.

Pour conclure sur 1968, le jeune homme que j'étais n'est pas resté longtemps dans le placard des proscrits du régime. Michèle Arnaud – décidément, que serais-je devenu sans elle ? – laissa passer quelques mois avant de me rappeler.

— Alors, Drucker, vous n'êtes pas mort sur les barricades ? Vous ne faites plus rien, évidemment, gros malin. Allez, rangez vos cannes à pêche, il serait peut-être temps de renfiler votre costume de velours. J'ai une nouvelle émission en projet...

Elle me sauvait la vie. À la suite des événements, la direction de l'ORTF considéra qu'elle devait sanctionner le journaliste, sans incriminer le présentateur. J'étais toujours exclu de l'information et de la rédaction, je ne touchais plus une dépêche, mais l'animateur était autorisé à poursuivre sa course sous la houlette de Mme Arnaud. J'ai donc repris ma place dans la variété. Ainsi Mai 68 aura quand même façonné ma carrière. Je n'avais pas d'autre choix que le divertissement.

Mais je n'avais pas dit mon dernier mot. Autre joie : en retrouvant les paillettes et le prime time, on m'a permis très vite de reprendre le chemin du Service des sports, mon port d'attache.

La meilleure des écoles

Comme je l'ai dit au début de ce livre, ma première mémoire fut sportive. À quinze ans, je connaissais par cœur toutes les équipes de football de première division, dont les plus célèbres étaient le Stade de Reims, le Racing Club de Paris, le Nîmes Olympique, les Verts de Saint-Étienne ou encore l'OGC Nice. Mes idoles s'appelaient Raymond Kopa, Roger Piantoni, Just Fontaine, qui plus tard deviendra mon consultant lors de la Coupe du monde de football en Argentine, en 1978. L'Espagnol Alfredo Di Stéfano figurait en bonne place sur les murs de ma chambre, non loin des champions cyclistes Louison Bobet, Jacques Anquetil, et Charly Gaul. Dans n'importe quel jeu télévisé consacré au sport, j'aurais gagné haut la main – mes parents s'étonnaient que ma mémoire ne soit pas aussi vive quand il s'agissait de me plonger dans les livres d'histoire et de géographie. Vous imaginez le bonheur qui fut le mien lorsqu'à mon retour de pénitence, après Mai 68, on me confia les commentaires de la première Coupe du monde retransmise depuis le continent latino-américain, celle du Mexique, en 1970. Je n'oublierai jamais les exploits de Pelé et de ces artistes brésiliens qui en finale écrasèrent l'Italie 4 buts à 1. Cette victoire marquait aussi les adieux de Pelé avec qui j'ai beaucoup sympathisé par la suite. Longtemps j'ai gardé ses chaussures de la finale de Mexico avant de les offrir à un handicapé. Des chaussures boursouflées, comme l'étaient ses pieds maltraités par des défenseurs assassins sur tous les terrains du monde. La première fois que j'ai vu Pelé dans un vestiaire se préparant avant un match, il enveloppait soigneusement ses pieds dans des bandelettes et renforçait ses protège-tibias. Pelé a sans doute été le joueur le plus taclé et le plus agressé de toute l'histoire du foot. Il ne mesurait qu'un mètre soixante-dix mais, comme monté sur ressorts, il était capable de dominer les meilleures défenses du monde, intercepter tous les centres et marquer de la tête. Je me souviendrai toujours de ses larmes et de son sourire d'enfant, faisant son dernier tour d'honneur torse nu sur le Stade aztèque de Mexico pour offrir son dernier maillot à un ramasseur de balles émerveillé.

Avec le recul je mesure encore mieux la valeur de ce cadeau d'un dieu. Imaginez aujourd'hui un gamin à qui Zidane aurait offert sa paire de crampons de la finale au Stade de France en 1998...

Pour le jeune reporter sportif que j'étais, ces années ont été une époque bénie. On pouvait approcher les joueurs gratuitement, à l'entraînement ou dans le hall de leur hôtel, sans avoir à affronter deux attachés de presse, un avocat et un garde du corps. De 1970 à 1986, j'ai commenté cinq coupes du monde, mais cette première au Mexique a sans doute été la plus belle. Avec mon complice Michel Dhrey, décontracté et plein d'humour, nous avons beaucoup ri et beaucoup appris. Nous étions si jeunes (vingt-sept ans), qu'en plus de notre laissez-passer officiel, nous étions souvent obligés de présenter notre passeport à l'entrée des stades. Les premières liaisons satellites avec l'Europe étaient approximatives. Nous n'entendions pas toujours le top donné par le chef de chaîne depuis Cognacq-Jay, à douze mille kilomètres de distance. Plus d'une fois nous avons pris l'antenne dans un brouillard d'improvisation. Les audiences évidemment étaient bien loin d'être celles d'aujourd'hui, mais nous avions l'impression de nous adresser à tout l'univers.

Par le plus grand des mystères, que je ne m'explique d'ailleurs toujours pas, nous étions logés dans le meilleur hôtel de Mexico, le Camino Real. Je dois avouer que nous passions plus de temps au bord de la piscine à draguer de jeunes Mexicaines qu'à réviser nos fiches avant de nous envoler pour León ou Guadalajara. Notre voisin de chambre, un certain M. Daessler, se lançait dans la fabrication d'équipements sportifs sous le nom... d'Adidas. La marque à trois bandes venait de naître, bien avant Reebok et Nike. Elle allait devenir le premier sponsor de la planète foot.

Lors de cette Coupe du monde 1970, j'ai approché les étoiles montantes du ballon rond. Un certain Franz Beckenbauer, qui joua une partie du quart de finale contre l'Angleterre le bras en écharpe après s'être fracturé l'épaule. Quatre ans plus tard je retrouverai « Kaiser Franz » chez lui, en Allemagne, gagnant sa Coupe du monde face à une équipe des Pays-Bas dont la star s'appelait Johan Cruyff. Ce Néerlandais génial joua de malchance : en 1978, son équipe fut à nouveau battue en finale, cette fois par l'Argentine, sous les yeux d'un gamin de seize ans... Diego Maradona. Cruyff ne se remit jamais de ne pas avoir été champion du monde.

L'Argentine demeure pour moi un souvenir mitigé. La junte militaire était au pouvoir et, sous les fenêtres de mon hôtel, place de Mai, chaque jour une poignée de femmes venaient marcher autour du rond-point, réclamant des nouvelles de leurs fils ou de leurs maris disparus. Aujourd'hui, avec leur association, Les Mères de la place de Mai, elles poursuivent encore leur combat.

Quelques semaines avant mon départ pour la Coupe du monde, Simone Signoret était venue sur le plateau des « Rendez-vous du dimanche », face caméra, pour exhorter solennellement l'équipe de France et son jeune capitaine Michel

Platini à ne pas aller en Argentine cautionner le régime des généraux. Son appel m'a hanté pendant tout le tournoi.

En Espagne, en 1982, Michel Platini, Alain Giresse, Jean Tigana, Luis Fernandez, Maxime Bossis et les autres formaient la meilleure équipe du moment... Sa défaite en demi-finale face à l'Allemagne, après une séance de tirs au but dramatique, est encore dans toutes les mémoires. Comment oublier le corps disloqué de Patrick Battiston gisant sur une civière après la sauvage agression du gardien Schumacher ? À mes côtés, livides, Lino Ventura et Julien Clerc hurlaient au scandale. Le défenseur français, dans un demi-coma, semblait paralysé. Les supporters tricolores, anéantis, étaient en larmes dans les tribunes du stade de Séville. Accompagné de Bixente Lizarazu et de Willy Sagnol, j'ai revu Franz Beckenbauer en 2006 à Munich, à l'occasion de ses soixante ans. Plus de vingt ans après, il m'a confié que cette équipe de France-là était de loin la meilleure du monde et qu'elle aurait dû gagner le trophée en 1982.

Michel Platini, comme Johan Cruyff, n'aura lui non plus jamais été champion du monde. Quatre ans plus tard, au Mexique, il échouera de nouveau en demi-finale face à l'Allemagne, notre bête noire, après avoir brillamment tenu sa place malgré une blessure au tendon d'Achille.

Cette Coupe du monde de 1986 fut ma dernière et mit un terme à ma carrière de reporter sportif. J'ai fait mon dernier commentaire depuis le stade de Guadalaraja, au cours d'un incroyable quart de finale France-Brésil qui se termina par une victoire des Bleus aux tirs au but, Luis Fernandez nous qualifiant pour la demi-finale, qui, je viens de l'évoquer, nous fut fatale face à l'Allemagne.

Ma première Coupe avait eu lieu au Mexique seize ans plus tôt, la dernière s'y achevait... La boucle était bouclée.

J'étais de plus en pris par mon émission « Champs-Élysées », et par la préparation du premier Téléthon. En décembre 1987, avec pour parrain Jerry Lewis, le créateur du Téléthon en Amérique, je présentai la première de cet événement télévisuel d'un genre nouveau en compagnie de mon complice Claude Sérillon, que je suis si heureux d'avoir retrouvé cette saison dans l'équipe de « Vivement dimanche ». Accaparé par ces projets, je n'ai pas éprouvé de nostalgie de quitter le reportage sportif. Jusqu'en 1998, quand Marc Tessier, président de France Télévisions, m'a demandé de revenir à mon premier métier. La Coupe du monde avait lieu chez nous, le sublime Stade de France était bien tentant... Mais, convaincu que je n'étais plus au niveau après toutes ces années loin des stades et qu'une nouvelle génération de commentateurs, celle de Canal +, était née, j'ai finalement déclaré forfait. C'est devant mon poste que j'ai vu Zidane et ses Bleus remporter leur Coupe du monde.

Mes quinze années passées au bord des stades, en France et en Europe, m'ont fait aimer le public, ce public populaire, souvent le même que celui qui suit avec fidélité mes émissions. Quand je retourne en province pour mes « Tenue de soirée », je ne peux m'empêcher d'aller flâner un moment du côté du Stade-Vélodrome à Marseille, du stade Gerland à Lyon, du parc Lescure à Bordeaux...

Je mesure aussi l'énorme fossé qui sépare les joueurs d'hier de ceux d'aujourd'hui. D'abord par la façon dont ils gèrent leur santé. Dans les années 1970, un joueur victime d'une rupture des ligaments croisés du genou ou d'une grave fracture était pratiquement perdu pour le football. Just Fontaine a vu sa carrière s'arrêter brutalement à vingt-sept ans sur une fracture du tibia-péroné. Aujourd'hui, il aurait pu jouer jusqu'à trente-cinq ans. Les progrès de la médecine et de la chirurgie sportives ont par exemple permis au Brésilien Ronaldo de prolonger sa carrière d'au moins cinq ans. Il joue encore en Italie, après que le professeur Gérard Saillant, magicien de la Salpêtrière, lui eut reconstruit le genou à deux reprises.

Mais ce qui sépare encore davantage les joueurs d'hier et ceux d'aujourd'hui, c'est l'argent. Les cent meilleurs footballeurs du monde (parmi lesquels beaucoup de Français) jouent tous à l'étranger et gagnent en un mois environ cinq cent mille euros, sans compter leurs contrats de sponsoring. Pour donner un ordre d'idée, Raymond Kopa, le plus grand joueur français des années 1960, fut transféré du Stade de Reims au Real de Madrid pour l'équivalent de... quatre-vingt mille euros. À l'origine de cette fulgurante inflation qui a fait du ballon rond un business colossal, il y a la télévision. Le foot est le nerf de la guerre de l'audience. Qui aurait pu imaginer, il y a encore dix ans, que Canal + débourserait six cent millions d'euros par saison sur trois ans, soit un milliard huit cents millions, pour diffuser le championnat de France de Ligue 1 ? Ou que TF1 paierait trois cent cinquante millions d'euros pour retransmettre la Champion's League, soit douze matchs annuels ?

Le reportage sportif m'a appris avant tout le direct, exercice irremplaçable et formateur, Michel Denisot ne dira pas le contraire. Commenter un match de football, c'est ignorer la fin du scénario. Travailler sans filet. Connaître et identifier les trois cents joueurs environ d'une Coupe du monde nécessite une dextérité particulière. Lors de mon premier commentaire, en 1965 à Tunis, pour un match France-Algérie des Jeux méditerranéens, m'étant fié au numéro des joueurs indiqué sur la feuille de match sans les avoir vérifiés, j'ai fait marquer un but à un joueur qui, blessé, regardait la rencontre chez lui devant son téléviseur... Le danger, pour le commentateur inexpérimenté, c'est la fraction de seconde qui précède le but. Le temps de vérifier sur sa fiche le nom du joueur en action et le ballon est déjà au fond des filets. Le ralenti arrive alors, et vous découvrez horrifié que vous avez attribué ce but à un autre joueur. La sophistication des retransmissions a créé un stress supplémentaire pour les footballeurs du monde entier. La moindre erreur du gardien, le moindre geste dangereux, la moindre faute d'arbitrage, une maladresse grossière sont immédiatement sanctionnés par la rediffusion de l'action au ralenti et sous tous les angles. Il y a trente ans, le coup de tête de Zidane à quelques minutes de la fin de sa carrière aurait probablement échappé aux caméras, et donc à la planète entière... Aujourd'hui cette image est indélébile. Elle passera et repassera à chaque rétrospective, dans chaque portrait de Zidane, entachant les exploits magnifiques qui ont jalonné sa carrière en France, en Italie et en Espagne.

Dans le sport de haut niveau, la différence entre l'ombre et la lumière tient souvent à quelques secondes. Lors des Jeux olympiques d'hiver qui eurent lieu à Grenoble en 1968, j'étais stagiaire et j'assistais Robert Chapatte et Jacques Perrot, les commentateurs des disciplines alpines. Ce jour-là, à Chamrousse, Jean-Claude Killy est au départ de la descente avec le dossard 14. Avant lui, Guy Périllat, le skieur de La Clusaz, a réalisé un temps record. Tous les observateurs le voient déjà médaillé d'or. Je suis à ses côtés et son sourire fait plaisir à voir. Treize concurrents sont déjà passés, la piste est très creusée. Killy n'a plus rien à perdre, il se lance à tombeau ouvert sur la pente de deux kilomètres au dénivelé affolant. À la stupeur générale, Killy bat Périllat de... huit centièmes, l'espace d'une spatule.

Je vois Périllat blêmir. Il sait que l'histoire ne retiendra que le premier. Killy rafle trois médailles d'or et, à vingt-quatre ans, il entre dans la légende. Quelques mois plus tard, le jeune douanier de Val-d'Isère s'envolera vers les États-Unis où, pendant dix ans, il sera l'idole des skieurs du monde entier. Sa reconversion fut exemplaire. Vingt ans plus tard, il sera avec Michel Barnier à l'origine des Jeux olympiques d'Albertville, avant de prendre les commandes du Tour de France. Jean-Claude Killy est devenu mon ami, c'est lui qui m'a transmis le virus de l'hélicoptère.

Autre exemple de la cruauté du sport de compétition, l'arrivée du Tour de France 1990 sur les Champs-Élysées. Laurent Fignon, qui possède cinquante secondes d'avance sur l'Américain Greg Lemon, va être battu de huit secondes dans le contre-la-montre final. Huit secondes, soit quelques dizaines de mètres, après 3 500 kilomètres de course... Laurent Fignon m'a avoué qu'il a mis plusieurs années à se remettre de cette terrible déception, d'autant plus douloureuse qu'il était blessé à la selle. La noblesse de ce drame, c'est que le champion français n'a jamais mis cette blessure en avant pour justifier son échec.

J'aime le sport autant pour ses exploits que pour ses tragédies. J'aime les champions parce qu'ils sont seuls, qu'ils paient comptant, et que leur gloire est de courte durée. Mais je me sentirai toujours plus proche des derniers que des premiers... peut-être parce que moi aussi, longtemps, j'ai été lanterne rouge. Quand je retrouve par hasard, dans une gare, un aéroport, dans la rue, un champion du passé, sur lequel plus aucun regard ne se porte, j'ai envie d'arrêter les passants, de reprendre mon micro et de leur lancer : « Vous savez, cet homme, il a été à la une de *L'Équipe*, il a fait frémir les foules, il est monté sur le podium, il a été un grand boxeur, un grand coureur, un grand footballeur, un grand athlète... »

Arc-bouté sur mon vélo, c'est à ces héros que je pense souvent. Quand je m'échine sur les pentes du Ventoux, parfois me revient aux oreilles la voix éméchée de ce cher Antoine Blondin, un jour où je lui faisais part de mon désir de me mettre au vélo :

— Tu sais, mon p'tit gars, tu vas voir ce qu'ils endurent les coureurs. Tu verras, toi qui présentes des chanteurs bidons, tu ne monteras pas le Tourmalet en play-back !

Chirac & Chirac

La mémoire a cet avantage qu'elle n'obéit pas à la chronologie. Après l'année électorale que nous venons de vivre, c'est le passé plus récent que je voudrais fixer maintenant, à travers ce couple qui m'a offert l'un des meilleurs moments de ma télévision personnelle.

Comme en 2001, juste après le second « Vivement dimanche » qui lui était consacré, Mme Chirac nous a invités à déjeuner pour nous remercier. La première fois nous étions cent vingt – les chroniqueurs mais aussi les techniciens et les assistants –, cette fois-ci nous sommes une trentaine. Six ans auparavant, Jacques Chirac était passé saluer l'assemblée avant le repas, en ce 5 mars 2007 il va le partager avec nous.

Assis à ses côtés, j'ai conscience que ce déjeuner, à deux mois de la présidentielle, est le dernier à l'Élysée, et cela touche toute l'équipe. Pour moi, Jacques Chirac restera le président qui m'a fait officier de la Légion d'honneur tout en sachant, je suppose, que je n'avais pas voté pour lui en 1995.

Je réponds à une courte allocution de Mme Chirac : « Monsieur le président, vous ne m'en voudrez pas de saluer d'abord votre épouse... » avant de passer la parole à Nicolas Canteloup qui se lance dans une imitation irrésistible de Nicolas Sarkozy :

— C'est très beau ici, mais je ne suis pas sûr que ce soit la tasse de thé de Cécilia. Dites donc, au prix du mètre carré dans le VIIIe, en douze ans le loyer a dû vous coûter les yeux de la tête, madame Chirac ! Moi, à votre place, j'aurais acheté. Vous permettez que je visite, je me sens déjà chez moi.

Puis le talentueux imitateur passe à Ségolène Royal :

— Ça manque de démocratie participative ici, tant d'or, beaucoup trop d'or, et c'est beaucoup trop grand !

Sous l'ambiance bon enfant de ce repas, je perçois pourtant que Bernadette Chirac appréhende les semaines à venir. Le Président, lui, se montre plus léger, ne laissant paraître aucune émotion particulière. Je lui demande comment il a trouvé le livre de Pierre Péan qui lui est consacré [1]...

— Et vous ?

1. *L'Inconnu de l'Élysée*, Fayard, Paris, 2007.

Chirac est l'homme le plus pudique que j'aie rencontré.

— Je l'ai trouvé très bien, monsieur le président.

— Je suis content. Je me retrouve enfin, un peu. Je me suis lâché. De tous les livres sur ma carrière, celui-là est le seul qui m'ait fait plaisir... Péan a bien su m'interroger. Je suis quelqu'un de méfiant parce que je fais de la politique depuis très longtemps, mais au fond je suis un homme beaucoup plus timide qu'on ne l'imagine. J'ai surtout voulu dire à Péan que j'ai fait de mon mieux pour servir mon pays...

Tout en sachant le grand fauve politique qu'il est, j'ai beaucoup d'estime pour le président Chirac. Au cours de ce déjeuner il me confie que les deux « Vivement dimanche » consacrés à Bernadette ont une place particulière dans son cœur.

— Mais où est votre chienne ? me demande-t-il soudain. Il faut aller la chercher, elle va pouvoir jouer avec Sumo.

Mon dévoué Philippe Devillers part donc chercher Olga au pavillon Gabriel, à deux pas de l'Élysée. Pendant cet intermède, Bernadette Chirac m'avoue son souci :

— Je ne sais pas très bien où nous allons aller, ce que nous allons devenir. Le changement va être brutal.

Je la sens perplexe, et lui aussi, tout en plaisantant, semble de temps en temps traversé par une gravité palpable.

Tout à coup, j'ai envie de lui dire ce que je retiendrai de lui.

— Je veux retenir que vous avez distribué *L'Humanité* à dix-sept ans. Que vous avez mis courageusement le doigt sur la responsabilité de l'État français durant l'Occupation et en particulier dans la rafle du Vél' d'hiv'. Que vous avez demandé aux Turcs de reconnaître enfin le génocide arménien. Refusé d'envoyer nos troupes en Irak. Et souligné les effets négatifs de la colonisation... Pour le Français de sang mêlé que je suis, dont les parents juifs sont venus en France dans les années 1930, tout cela vaut largement quelques règlements de comptes inhérents à la politique.

Le Président sourit :

— Vous savez, il n'y a pas plus de coups tordus dans mon métier que dans le vôtre...

J'aurais voulu avoir son avis sur les effets pervers de la privatisation de TF1 au nom du « mieux-disant culturel » de son ministre François Léotard, sur l'épisode de la Cinq de Berlusconi voulu par la gauche de François Mitterrand, mais ce n'est ni le lieu ni l'heure... Un jour peut-être.

— Je vous le répète, Michel, les deux émissions que vous avez réalisées avec ma femme l'ont libérée. Cela a rendu à Bernadette la place qui a toujours été la sienne à mes côtés.

Tout en caressant mon chien, Mme Chirac, les yeux dans le vague, semble très touchée par ce que vient de dire son mari. Chirac est un volubile qui évoque rarement sa vie intérieure. Tout en multipliant les réflexions badines ou profondes, il entreprend chacun des convives d'un bout à l'autre de la table, sans oublier personne.

— Alors, monsieur Coffe, vraiment, vous avez réussi l'omelette de ma femme ! Quelle prouesse !

— Merci, monsieur le président, mais si je peux me permettre, je voudrais vous entretenir d'une question qui me tient à cœur : le maintien de la filière laitière. La réhabilitation du lait de vache est un de mes combats...

— Très bien, bien sûr. Oh, à propos de lait, monsieur Coffe, avez-vous déjà bu du lait de chamelle ? Moi oui, en Libye, sous la tente de Kadhafi. Ah ! le lait de chamelle, ça vous donne...

Et là, par-dessus la nappe, Chirac fait un geste sans équivoque sur les vertus aphrodisiaques du lait de chamelle.

— Oui, enfin bon, Jacques... murmure Mme Chirac.

— Ah mais pardon ! ça donne une vigueur...

— Oui, enfin, Jacques, on a compris !

— Passé un certain âge, le lait de chamelle, c'est épatant !

Tel est Chirac. Dans la même heure, à la fois homme profond et Gaulois impénitent.

Sa curiosité pour les gens est authentique. Au début du déjeuner, nous lui avons présenté notre jeune stagiaire d'origine marocaine, Amin, responsable de l'accueil du public à « Vivement dimanche ». Au dessert, Chirac s'écrie : « Mais il est où Amin ? » Et pendant quelques minutes, face à un Amin pétrifié, il lui parle du Maroc, de son affection pour le jeune roi Mohammed VI. C'est d'ailleurs à Taroudant, aux portes du désert marocain, que Bernadette et lui prévoient d'aller prendre un peu de repos après le probable raz de marée sarkozyste.

Chirac s'intéresse à chacun et tout le passionne. Chaque fois que je l'ai rencontré, sa présence a été totale, comme l'était celle de François Mitterrand. Tous les deux vous donnaient l'impression de n'avoir rien de plus important à faire que de discuter avec vous. Ils semblaient parfaitement libres. Ces hommes-là ne couraient jamais.

Quand mon frère est mort dans la nuit du 18 avril 2003, un week-end de Pâques, les Chirac ont été les premiers à m'appeler en pleine nuit, en Provence, tandis que je le veillais. Quand je me suis fracturé un talon en 2007, le Président m'a de nouveau appelé.

— Michel, vous avez besoin de quelque chose, d'un bon médecin ?

Jacques Chirac a certes fait l'ENA, mais il vient de la France profonde et n'a jamais oublié qu'il est le petit-fils d'un instituteur de Corrèze, d'essence radicale-socialiste. Les Français l'ont toujours perçu comme l'un des leurs, comme François Mitterrand, et ce n'est probablement pas un hasard si ces deux têtes politiques ont chacune fait deux mandats à l'Élysée.

Quant à Mme Chirac, si pour certains elle incarne la droite classique, aujourd'hui que je la connais bien, sa sensibilité me paraît souvent plus engagée que celle de bien des femmes de la gauche caviar. Faire d'elle une dame patronnesse vaquant à ses œuvres de charité après la messe me paraît un peu court. Se soucier des autres dans la proximité de leur quotidien n'est pas un combat à la mode. Quand elle aide les anorexiques à construire un lieu de vie ouvert – c'est le cas de la Maison de Solenn, inaugurée à Paris en 2004 –, elle a des raisons profondes de le faire. Est-il besoin de rappeler que le couple Chirac a traversé l'existence avec cette douleur d'avoir une fille anorexique qui a tenté plusieurs fois de mettre fin à ses jours ? Son énergie n'a rien à voir avec la charité d'une « Madame de ». L'opération « Pièces jaunes » en faveur des enfants malades a représenté pour elle des heures et des nuits de TGV. Et, au bout de toutes ces années, la seule chose qu'elle m'ait demandée lors de ce déjeuner d'adieu, c'est qu'elle espérait que, lorsque son mari aurait quitté l'Élysée, je continuerais à relayer ses actions sociales. Née Chodron de Courcel, fille de l'ambassadeur de France à Londres au côté du général de Gaulle en 1940, elle appartient à la grande noblesse française, mais, à 18 heures, vous ne la verrez jamais deviser au Flore sur le féminisme. À 18 heures, elle est à l'hôpital, dans les couloirs, auprès des personnes âgées isolées.

Lors de ce déjeuner sous les dorures, j'ai gravé dans ma mémoire les paradoxes de ce couple qui aura été, au fond, je crois, très aimé des Français. Lui, issu de la France du terroir. Elle, aristocrate engagée dans la réalité des malheurs. C'est elle qui a soutenu matériellement son mari au début de sa carrière comme il l'a d'ailleurs rappelé lors de son interview dans ce « Vivement dimanche » de février 2007. Comme dans les couples les plus solides, leur énergie a fusionné. Ce jour-là, Jacques Chirac a touché le public en soulignant toutes les qualités de son épouse ainsi que le rôle essentiel qu'elle aura joué à ses côtés. Et, malgré leur destinée politique, ils ont toujours voulu préserver une autre vie, faite de douleur muette et de pudeur.

Pour préparer ce second « Vivement dimanche » consacré à Bernadette Chirac, j'ai parfois croisé le Président à l'Élysée, avant ou après nos réunions du dimanche matin. Son look m'amusait. Jean et pull de grosse laine blanche. Ils vivaient dans les palais de la République comme dans une maison de famille. D'ailleurs, ce dernier déjeuner avait le parfum d'une réunion familiale après une vie de luttes et d'enjeux dont la fin allait bientôt sonner.

À 14 h 45, le Président s'est levé.

— Veuillez m'excuser, je suis obligé de partir, mais je tenais à vous remercier pour ce moment de plaisir. Aujourd'hui, j'ai été très heureux.

En le voyant quitter la pièce, nous avons tous eu un pincement au cœur. Avec ma productrice, Françoise Coquet, et mon assistant, Éric Barbette, qui a beaucoup travaillé avec Mme Chirac, nous nous sommes posé la même question : où seraient-ils dans deux mois ? Que feraient-ils de leur vie ?

Pendant des années, mon rêve a été d'inviter et d'interviewer des politiques, sans avoir la légitimité de Jean-Michel Aphatie, Alain Duhamel ou Arlette Chabot... Avec mon image d'homme de divertissement, lisse, bienveillant, voire complaisant, pouvais-je être crédible pour interroger Valéry Giscard d'Estaing, Ségolène Royal, Edouard Balladur, Bill Clinton ou Nicolas Sarkozy ? Combien de temps nécessiterait cette métamorphose ? L'accepterait-on ? Au fil des années, lentement, je suis arrivé où je voulais : approcher les politiques non comme un spécialiste, mais avec le désir d'évoquer des sujets sur lesquels généralement les journalistes les questionnent peu. « Qu'avez-vous fait de vos vingt ans ? », comme dirait le poète. Comprendre pourquoi certains ont la baraka et d'autres pas. Pourquoi les uns tracent leur sillon, accrochés à leurs convictions, comme Arlette Laguiller, Olivier Besancenot ou

Marie-George Buffet, quand le communisme et le Grand Soir ont quasiment disparu. Pourquoi d'autres disparaissent, tel Jacques Chaban-Delmas, exécuté au coin d'un bois électoral. Quelle est leur motivation profonde, intime ? Au fil des années, une nouvelle génération d'hommes et de femmes politiques a vu le jour. La télévision a changé en les changeant. Il y a encore dix ans, à l'aube de cette « peopolisation », l'idée de poser dans sa cuisine ne serait venue à personne. Mais quand, il y a quelques années, j'ai vu Ségolène Royal dans *Paris Match* avec sa dernière-née à la maternité, voulant signifier par cette exposition : « je suis une femme, une mère, comme les autres », j'ai pensé que le moment était peut-être venu. Puisque les politiques se mettaient à communiquer comme Johnny Hallyday et Madonna, n'était-il pas temps de les inviter sur mon canapé ?

En souhaitant leur ouvrir les portes du dimanche, je me suis souvenu du tout premier conseil de Léon Zitrone : être un journaliste éclectique.

Nous sommes en 1998, première année de « Vivement dimanche ». Michèle Cotta, directrice des programmes, me dit : « Si tu veux le faire, fais-le. » À cette date, Lionel Jospin est Premier ministre. Par correction c'est à lui que nous lançons la première invitation. Je déjeune à Matignon avec son chargé de communication, Manuel

Valls, qui trouve l'idée intéressante. « Nous allons y réfléchir », me dit-il. Jospin réfléchira... plus de trois ans avant de refuser.

Apprenant mon initiative, les journalistes politiques ou du moins les quelques dizaines qui font l'opinion ont froncé les sourcils : « Qu'est-ce que Drucker vient faire dans notre pré carré ? » Mais Daniel Cohn-Bendit d'abord (nous nous sommes rencontrés en Mai 68), Arlette Laguiller puis Martine Aubry acceptent d'essuyer les plâtres.

Un après-midi durant, il s'agit de refaire le parcours d'un invité. Ses origines, sa famille, ses rêves d'adolescent jusqu'à son actualité. Voir comment la vie d'un homme ou d'une femme devient son destin. Je reçois en alternance des écrivains, des chanteurs, des cinéastes, des sportifs... Et des hommes politiques. Roger Hanin est notre parrain et Martine Aubry fera de la formule un succès, avec une excellente audience. Elle était alors ministre des Affaires sociales, en pleine discussion sur les trente-cinq heures à l'Assemblée nationale. D'un coup, la presse s'est enflammée. Papiers pléthoriques, points de vue, polémiques, couverture du supplément télé du *Monde*, de *L'Événement du jeudi* !

Plus tard, la fille de Jacques Delors m'avouera combien cette émission a été importante pour elle.

— Chez vous, nous pouvons trouver trois heures d'espace familial et rejoindre nos électeurs. « Vivement dimanche » est regardé par tout le monde, des jeunes jusqu'au personnel politique, en passant par la France de province.

Quelques belles âmes parmi mes confrères éditorialistes déconseillent pourtant aux politiques de venir se « décrédibiliser » dans cette émission de paillettes – oubliant que Catherine Ceylac, avec talent, a été la première journaliste à recevoir longuement des politiques dans « Thé ou café ? » sur France 2.

Valéry Giscard d'Estaing fit un tabac, grâce il est vrai à la présence féroce de Gérard Miller – qui épouvantait les invités. Lui et Laurent Gerra quelques années auparavant auront été les bêtes noires des politiques. Je me souviens encore de Nicolas Bazire, chef de cabinet d'Édouard Balladur, se plaignant auprès de la direction de l'insolence de l'imitateur.

Petit à petit, après être passés sur le canapé rouge, les politiques sont devenus nos meilleurs attachés de presse auprès de leurs confrères. Très vite mon portable a sonné. Tous voulaient prendre date. Seule obligation du CSA : respecter l'alternance droite-gauche.

À la grande surprise de l'équipe, nous découvrons dans la vie des invités politiques des événements qu'aucun spécialiste n'avait signalés. Philippe Séguin à vingt ans, animateur du ciné-club de Draguignan, pigiste pour *Le Provençal* où il signe des papiers sur Johnny, Sylvie et Sheila – il est alors l'assistant d'Eugène Saccomano ! Philippe Douste-Blazy en pilote de course prometteur. La ministre de la Culture Catherine Trautmann vendant en djellaba dans sa période baba-cool des bijoux dans les rues du Festival d'Avignon. Martine Aubry nous confiant que, stagiaire à *France-Soir*, l'entourage de Pierre Lazareff lui avait conseillé... de coucher pour réussir.

Je m'aperçois que mes confrères journalistes politiques vivent un peu enfermés dans le ghetto de la politique politicienne. Après vingt-deux ans d'« École des fans », brillamment présentée par Jacques Martin, la France dominicale découvre Alain Madelin en prestidigitateur amateur, Ségolène Royal au piano au côté de Véronique Sanson, Mme Raffarin en soprano dans une chorale du Poitou-Charentes. Sur le plateau, elle viendra interpréter une version très personnelle de *Prendre un enfant par la main* d'Yves Duteil, sous l'œil humide du Premier ministre. La séquence fera les choux gras des zappings pendant des mois.

Arrive mai 2001. Je sollicite Mme Chirac en vue de la prochaine rentrée. Je sais qu'entre septembre et janvier je ne pourrai plus inviter que trois politiques pour cause de campagne électorale, CSA oblige, la présidentielle étant en avril. Mme Chirac, fidèle téléspectatrice de l'émission, accepte d'y participer en octobre. Commence alors pour elle, pendant tout l'été, un travail de bachotage sous l'œil de son principal conseiller, Bernard Niquet, devenu aujourd'hui préfet de la région Poitou-Charentes.

Je caresse le rêve d'y inclure quelques mots de Jacques Chirac, mais il n'en est pas question. Mme Chirac se révèle à la fois décidée et pleine d'appréhension, travaillant lentement mais avec précision. Je lis le livre qu'elle vient de publier avec Patrick de Carolis. Début août, je l'appelle à Brégançon, on me passe la « plage privée »... Tandis qu'elle nage, j'entends le Président hurler :

— Bernadette, Bernadette ! Dépêchez-vous, voyons, c'est encore Drucker !

Le temps qu'elle arrive, le Président me fait la conversation :

— Dites donc, je ne sais pas ce que vous fabriquez avec Bernadette, elle prépare ça comme le grand oral de l'ENA ! La voilà, je vous la passe.

Essoufflée, au bout du fil, elle me dit :

— Il y a une personne que j'admire, c'est Hillary Clinton, je serais heureuse qu'elle participe à mon émission.

Entre ces deux couples, Chirac et Clinton, il y a de nombreuses similitudes.

— Ce serait effectivement formidable mais je n'ai aucun contact, hélas, avec l'entourage des Clinton, madame. Il y a deux personnalités pour lesquelles je ne peux rien, votre mari et celui d'Hillary.

— Écoutez, pour mon mari, même moi je n'oserais jamais le lui demander... En revanche, peut-être peut-il nous aider à approcher Mme Clinton.

C'est ainsi qu'un matin, pendant que je suis en train de pédaler sur une route brûlante de Provence, mon portable sonne :

« Michel, c'est le Président. »

Ayant passé quatre années sur le plateau de « Studio Gabriel » avec Laurent Gerra, je me dis que l'imitateur me fait une des blagues dont il est coutumier. Dans le doute, je joue le jeu.

— Je suis en train de faire du vélo, monsieur le président.

— Vous êtes fou, avec une telle chaleur ! Moi aussi, je roule pour vous. J'ai appelé Clinton, c'est OK pour Hillary... Mais je vous préviens, il va falloir aller sur place, hein. Je vous rappelle demain.

Et nous raccrochons. Je n'en reviens pas, je mets un moment à reprendre mes esprits. Quelques jours plus tard, nouvel appel : Chirac. Même voix, même ton joyeux.

— C'est le Président, qu'est-ce que vous faites ?

— Je suis sur mon vélo.

— Mais vous pédalez tout le temps ! Dites donc, j'ai une bonne nouvelle, Michel, c'est dans la poche pour Hillary.

Je découvre alors le Chirac familier, l'homme détendu qu'il est dans la vie. Il a l'air aussi ravi que moi. Je pars pour Washington interviewer Hillary Clinton dans son bureau du Sénat. Réussite totale, vingt minutes d'entretien. L'ex-première dame des États-Unis accepte même de poser pour la une de *Télé 7 Jours*.

En un dimanche, l'image de Bernadette Chirac s'est transformée. Brusquement, le rôle qu'elle tenait depuis si longtemps au côté de son mari est devenu visible – il en a d'ailleurs d'abord été surpris. Elle est sortie de l'ombre dans laquelle bien des conseillers de l'Élysée voulaient la maintenir sans imaginer une seconde combien cette femme, avec son style, son franc-parler, son humour décapant, allait devenir populaire – popularité qui ne fut peut-être pas étrangère à la réélection de son mari quelques mois plus tard.

L'émission a un succès considérable, et le livre coécrit avec Carolis [1] devient un best-seller. Un certain nombre d'amis et de conseillers de Lionel Jospin m'appellent alors : Claude Allègre, Jacques Séguéla, et même Anne Sinclair. Tous me demandent de réitérer l'invitation à Jospin. Je réponds que je l'attends depuis plus de trois ans.

Pour lui, le succès de Mme Chirac constituait un handicap. J'ai sans doute commis l'erreur de ne pas traiter directement avec Jospin et de croire

1. Bernadette Chirac, Patrick de Carolis, *Conversation*, Plon, Paris, 2001.

que tous ces intermédiaires parlaient en son nom, ce qui n'était pas le cas. L'entourage avait très bien compris le poids d'une telle émission à une encablure de la présidentielle, mais ces multiples pressions provoquèrent le contraire de l'effet souhaité : le Premier ministre comme sa femme en furent très agacés. Aujourd'hui encore je regrette de ne pas avoir fait l'émission avec lui. J'aurais voulu prouver qu'il n'est pas le psycho-rigide qu'on décrit, qu'il peut être drôle, passionné par Brassens, le basket, le tennis...

Mais rien à faire. Sylviane Agacinski m'a dit : « On vous aime beaucoup, Michel, on a vu vos émissions, mais Lionel est fatigué, il est à Matignon depuis plus de quatre ans, c'est un poste très dur et nous ne sommes pas très people – on ne le sent pas. »

Certains spécialistes s'interrogent encore aujourd'hui sur l'erreur qu'a commise Jospin en ne venant pas à « Vivement dimanche ». On peut d'autant plus s'interroger qu'il aurait été le dernier invité politique, en décembre 2001, à seulement quatre mois de la présidentielle, et qu'il fut remplacé in extremis par... Jean-Pierre Chevènement, lequel recueillit près de cinq pour cent des voix au premier tour, ces cinq pour cent qui manquèrent cruellement au candidat socialiste, battu de 194 600 voix par Le Pen. Un chiffre qui représente 0,3 % d'un seul point d'Audimat – le point représentant 555 000 téléspectateurs.

Cet épisode de « Vivement dimanche » posera pour certains journalistes la question de la responsabilité politique de l'émission. Je me suis longtemps moi-même interrogé sur son impact. À de rares exceptions, telles que l'absence de Lionel Jospin ou la prestation fracassante de Mme Chirac, je pense que « Vivement dimanche » n'a aucune influence réelle sur la vie électorale française, pas plus que les Guignols dans un registre pamphlétaire. Que mon émission soit bénéfique pour l'image de l'invité, certes – elle est d'ailleurs conçue dans cet esprit –, mais, très vite, une émission chasse l'autre, il n'en reste rien dans la mémoire de l'opinion. Bien des invités ayant fait une très bonne impression lors de leur passage dans « Vivement dimanche » furent d'ailleurs battus aux élections qui suivirent.

Pour revenir aux deux dimanches de Bernadette Chirac, à six ans d'intervalle, si le premier a changé son image, le second va changer celle de son mari.

Le 11 février 2007, en effet, pour la première fois peut-être à la télévision, Jacques Chirac fendit l'armure, lui qui ne trahit jamais ses émotions. Un bout du voile s'est déchiré.

Cette seconde invitation de Mme Chirac dans « Vivement dimanche » est liée à la réunion des femmes de chefs d'État engagées pour les droits de l'enfance, conviées à son initiative à l'Élysée.

L'occasion pour nous d'interviewer Mmes Bush, Poutine et Barroso... Mais mon souhait le plus cher est de convaincre le Président de participer à cette émission. Mme Chirac me confirme, comme la première fois, qu'il est hors de question qu'elle en fasse la demande à son mari : « Puisque je vous dis que je connais déjà sa réponse. » Elle prépare ce nouveau rendez-vous avec les téléspectateurs aussi rigoureusement que le premier, me laisse de nombreux messages, je la rappelle souvent à l'Élysée. Un jour, en fin de matinée, le standard m'informe : « Un déjeuner officiel a déjà commencé. Veuillez patienter. » Je m'apprête à raccrocher lorsque le standard reprend : « Ne quittez pas. » Subitement, j'ai en ligne le Président lui-même.

— Allô, c'est vous, Michel ? Vous cherchez encore ma femme ? Elle est partie au déjeuner, et moi je mange seul, dans mon bureau. Vous remettez ça six ans après avec Bernadette... Elle est dans tous ses états, hein... C'est à la fois le grand oral de l'ENA et Polytechnique, elle bachote toute la journée, c'est son obsession.

— Vous êtes contre, monsieur le président ?

— Pas du tout ! Bonne idée puisqu'elle veut faire encore mieux que la première fois.

L'occasion est trop belle, je me lance...

— Je ne vous sollicite pas cette fois pour m'aider à obtenir un rendez-vous avec Hillary Clinton... mais j'ai quand même une faveur à vous demander...

— Allez-y, j'ai l'habitude.

— Accepteriez-vous d'être présent d'une manière ou d'une autre dans cette émission?

— Mais oui, pourquoi pas?

Je tombe des nues.

— Mais qu'est-ce que je peux faire, je ne vais quand même pas chanter!

— Acceptez de me parler d'elle.

— De Bernadette?... Quelle question... Je ne l'ai jamais fait en cinquante ans de mariage... Mais bon, pourquoi pas, d'accord, voyez cela avec mon cabinet. À bientôt, Michel.

Je raccroche, éberlué. « Tu penses qu'il va tenir sa promesse? » me murmure Françoise Coquet.

Rapidement, je parviens à joindre Mme Chirac.

— J'ai demandé au Président s'il serait d'accord pour participer à votre émission et il a accepté.

— Je n'y crois pas, il ne tiendra pas sa parole, il ne parle jamais de moi, même pas en privé. Depuis que nous sommes mariés, je n'ai jamais eu un compliment de mon mari. Ce n'est pas sa manière, Jacques est trop pudique. Qu'il puisse vous avoir dit oui me stupéfie, je ne veux pas vous démoraliser, Michel. Enfin, on verra bien.

Et elle conclut par une question qui me glace :

— Au fait, en avez-vous parlé à ma fille Claude?

Voilà l'erreur. S'être adressé à Dieu plutôt qu'à son saint. C'est Claude Chirac qui gère la ligne de Dieu.

Je la connais bien, je l'appelle aussitôt.

— Claude, je voudrais te dire...

— Je sais, l'émission avec maman, si elle recueille autant d'échos qu'il y a six ans, c'est formidable..

— Écoute... J'ai eu ton père au téléphone.

— Ah bon, comment ça?

— On me l'a passé par erreur. Et il a accepté d'évoquer ta mère dans mon émission...

— Il t'a dit ça? Il t'a dit oui? Il doit vraiment t'avoir à la bonne. Ce serait bien la première fois.

— Je t'envoie les thèmes que je voudrais évoquer avec lui, sachant qu'il sera surtout question de ta mère.

— OK, envoie-moi un canevas.

Les Chirac partent pour Taroudant, au Maroc, pendant huit jours. Là-bas, Jacques Chirac va réfléchir au contenu de notre entretien. Et il tiendra parole.

L'interview a lieu dans le salon des Portraits de l'Élysée un mois avant la diffusion, prévue le 11 février. Elle doit rester confidentielle jusqu'à cette date, car à l'époque nul ne sait si le Président sera ou non candidat à un troisième mandat. La date de programmation de ce « Vivement dimanche » a d'ailleurs fait l'objet d'une longue tractation entre l'Élysée et la direction de France Télévisions, compte tenu de la proximité de la présidentielle.

Pendant cet entretien, le Président se montre concentré, il a visiblement pesé chaque mot. Mme Chirac n'y assiste évidemment pas, ne voulant pas gêner son mari, qui pour la première fois va aborder un sujet inhabituel : sa femme. Les seules personnes présentes sont Éric Barbette, le réalisateur Dominique Colonna et ses techniciens, le directeur de la photo Jean-Michel Racaud, Nelly Pierdet, la maquilleuse attitrée du Président après avoir été celle de François Mitterrand, et Claude Chirac.

Chirac n'est pas comme d'habitude; l'émotion est palpable. À peine l'enregistrement terminé, sa fille me dit, émue :

— Je te fais confiance, embargo jusqu'au 11. Tu mets ça au coffre, et surtout tu ne le montres pas à ma mère. Je veux qu'elle le découvre pendant l'émission.

Bernadette Chirac a donc découvert l'interview de son mari le jour de l'enregistrement. Et c'est un formidable aveu. À côté de moi sur la banquette, elle ne quitte pas l'écran des yeux. Dans un grand silence de tout le studio, elle écoute l'hommage de son mari pendant vingt minutes. Extrêmement touchée. Au montage, nous avons dû raccourcir le retour en gros plan sur Mme Chirac, au bord des larmes, trop émue pour reprendre la parole. Elle non plus n'a pas triché. Elle a dit qu'il avait été « malgré tout » un père exemplaire.

Quand Jacques Chirac commence à parler, sept millions de téléspectateurs le regardent, il va terminer l'émission devant huit millions et demi. La France entière va l'entendre déclarer : « Je suis passé à côté de ma famille. Je n'aurais pas fait cette carrière sans ma femme. Nous avons eu des drames, pas de couple, mais des drames de parents. »

Le dimanche de la diffusion, à 15 h 45, sur le générique de fin de la première partie de l'émission, Jacques Chirac m'appelle.

— Parfait, Michel ! Elle m'a épaté. À tout à l'heure.

20 h 5. Nouveau coup de fil du Président.

— Formidable, Bernadette est toute retournée ! À demain pour l'audience, parce qu'elle voudra l'Audimat. Elle va vous rappeler.

Le lendemain matin, avant même que j'arrive à mon bureau, la présidence a déjà téléphoné. Je rappelle pour donner les chiffres à Bernadette : record absolu de l'émission. Au bout du fil il y a un blanc, je l'entends penser : « Ah, dommage qu'il ne se représente pas. »

Dans les jours qui ont précédé la diffusion, je dois à la vérité de dire que je n'ai été l'objet d'aucune intervention de l'Élysée, rien. Aucune pression, aucune exigence particulière. Claude

Chirac et le cabinet du Président me laisseront gérer la presse et la communication avec une confiance totale.

Le lundi, Jean Daniel – l'idole de ma mère – me passe un coup de fil.

— Michel, c'était passionnant de bout en bout. Si je dirigeais encore la rédaction du journal, c'est moi qui ferais le papier ! Jamais je n'avais vu Chirac se confier à ce point.

Ni moi ni aucun membre de l'équipe n'avons vu venir cette petite phrase vague, en fin d'interview, reprise hors contexte par les médias : « Oui, il y a une vie après la politique, il y a une vie jusqu'à la mort et j'ai bien l'intention de continuer à servir mon pays. » Et pourtant, par ces quelques mots mal compris et troublants, ce « Vivement dimanche » aura été comme l'adieu profond et sincère de Jacques Chirac à la France.

Quelques jours plus tard, le coup de fil de Claude Chirac aura été la conclusion de cette aventure.

— Tu vois, on a tout dit sur mon père, les derniers documentaires diffusés sur ta propre chaîne étaient vraiment très sévères. Chez toi, on n'a pas parlé politique mais on aura vu mes parents tels qu'ils sont. Pour mon père, c'est une première. Le climat était particulier, très rare. On ne peut rien faire de bien sans la confiance. Nous avons regardé ça en famille. À peine l'émission terminée, ma mère a dit : « Appelez-moi Michel tout de suite... » Nous avons été heureux.

Je fais de la télévision pour rendre les gens heureux. Le public, ceux qui travaillent à mes côtés, et les invités.

En ce 27 avril 2007, en fin d'après-midi, il n'y a pas foule à l'Élysée. François Pinault nous a conviés, Dany et moi, à assister à sa remise de commandeur de la Légion d'honneur. Nous y retrouvons à peine une cinquantaine de personnes, le récipiendaire ayant souhaité ne réunir que ses proches et quelques amis. La famille Pinault, la famille Chirac, des membres de la direction de sa holding Artémis, le président de l'Assemblée nationale Jean-Louis Debré, quelques confrères dont Maurice Szafran, le directeur de la rédaction de *Marianne*, Robert Hossein, qui dirige le théâtre Marigny, propriété de François Pinault... Jacques Chirac arrive, apparemment détendu. Je suis attentif à chaque regard, au moindre mot : dans quinze jours, le couple présidentiel quittera le Palais pour s'installer quai Voltaire. Nous vivons un des derniers gestes de Jacques Chirac président. En fait, Jacques reçoit François une ultime fois sous les ors de sa fonction. Tous deux se connaissent depuis trente ans. L'atmosphère est particulière, jusque dans l'attitude des huissiers et des hommes de sécurité. Bientôt, Nicolas Sarkozy sera là. On les sent déjà ailleurs. L'avant-veille, j'étais à Matignon devant Dominique de Villepin qui élevait Jean-Paul Belmondo au grade d'officier de la Légion d'honneur. Le discours du Premier ministre aussi sonnait comme un adieu. Dans le Paris des ministères, partout, une page se tourne.

Chirac s'adresse à Pinault. En 1974, il était Premier ministre de Giscard et Pinault commençait à bâtir sa réussite dans l'exploitation du bois. À Meymac, bourg de Corrèze, il va aider Chirac, alors conseiller régional, à sauver une petite entreprise au bord de la faillite. « Je ne l'ai jamais oublié », lance le Président. Depuis, l'amitié a uni leur vie, de Meymac jusqu'à l'Élysée, des aciéries jusqu'à l'empire du luxe. C'est vertigineux de voir Pinault, petit homme, autodidacte, au milieu de tant de grands commis de l'État, banquiers et polytechniciens. Émouvant aussi. Si nous saluons la fin de la carrière de Chirac, celle du capitaine d'industrie s'achève également : son fils François-Henri, futur époux de l'actrice mexicaine Salma Hayek, lui a déjà succédé. Chacun tire sa révérence. Chirac, fidèle à lui-même, ne trahit rien. Bernadette fait bonne figure, souriante, comme Claude. Je devine pourtant un certain vague à l'âme. Pour eux, une période de transition difficile va probablement commencer – mais hors de question de s'épancher. Ils sont là pour honorer l'ami, celui qui a toujours aidé aux campagnes électorales, le fidèle parmi les fidèles (pour ne pas trahir Chirac, deux semaines plus tard, François Pinault déclinera même l'invitation au dîner du sacre du Fouquet's, le soir de la victoire de Nicolas Sarkozy).

J'éprouve un sentiment partagé, une tristesse. Hors ces murs, les journalistes politiques ne parlent que de Bayrou, Sarkozy et Ségolène. Tout le pays est concentré sur le second tour, tandis que dans un palais désert, feutré, un petit groupe d'amis lève le verre de l'amitié.

— François, cette décoration a pour moi une valeur particulière...

La boucle se boucle, au seuil du départ. Extrêmement contrôlé, tout sourires, Chirac est pourtant au bout de sa dernière ligne droite. Rejoignant Mme Chirac, je lui demande :

— Comment vous sentez-vous, Bernadette ?

— Moi, pas trop mal.

— Et le Président ?

— C'est pour lui que je m'inquiète. Parlons d'autre chose...

— Et Claude ?

— Parlons d'autre chose...

Claude, celle qui a consacré vingt ans de sa vie à son père. Le rideau va tomber. Derrière se prépare un homme qu'elle ne porte plus dans son cœur. Sarkozy, le dauphin, très proche d'elle, le chouchou de la famille et depuis 1995... l'ennemi.

Dans nos métiers, « retraite » signifie souvent « fin ». Le premier pépin de santé de Jacques Chirac est survenu à la fin de son second mandat, lui le colosse rabelaisien, toujours de bonne humeur. Lui qui n'a jamais cessé de caresser l'espoir, si les circonstances le permettaient, de se représenter. Ce soir, pour la première fois, je le trouve légèrement voûté, un peu perdu dans un costume trop grand, amaigri. Il serre les mains. Les sommets de l'État et de la finance sont là, des hommes de toutes les familles politiques. À partir d'un certain seuil de réussite économique, le clivage droite-gauche n'existe plus. J'apprends que Stéphane Courbit, jeune prodige de la finance, roi de la télé-réalité, est désormais invité aux dîners du Siècle, ce cénacle qui chaque mois réunit les hommes les plus influents. La fortune ouvre toutes les portes, plus rien n'a d'importance face au seul pouvoir de l'argent. Mais, pour moi, François Pinault est l'un des rares à n'être jamais dupe. Sa priorité est de s'entourer des meilleurs collaborateurs. Chez cet homme sec, anxieux, taiseux, aucune flatterie ne semble pouvoir altérer la lucidité. Ceux qui, malgré leur position, échappent à la vanité m'ont toujours particulièrement impressionné. Je suis devenu l'ami de ce Breton qui connaît si bien la nature humaine. Lorsqu'il m'arrive de l'accompagner à Rennes pour assister à un match de son équipe de foot, le Stade rennais, j'oublie que j'accompagne un des grands industriels d'Europe.

Si, à cette remise de Légion d'honneur, l'assistance a la tête ailleurs, nul n'ose le montrer. Personne ne prononcera le nom de Nicolas Sarkozy. Ni ceux de Ségolène Royal et de François Bayrou qui le lendemain matin débattront sur BFM TV.

Mme Chirac me murmure :

— Pour l'heure, nous allons vers l'inconnu...

Pour la première fois depuis quarante ans, au lendemain de la passation des pouvoirs, les Chirac vont rentrer « chez eux », un lieu à inventer entièrement. Dans un flash d'imagination surréaliste, tout en regardant le Président derrière son pupitre, je le vois aller chercher dans un Franprix des bords de Seine... une bouteille de Corona, sa bière préférée.

Avec humour, évoquant leur nouvelle adresse, la première dame de France me précise :

— C'est du provisoire, évidemment.

Je quitte la salle. Devant la cour déserte, sur le perron, je m'interroge : Sarko ou Ségo ? À la loge d'honneur, je salue un garde en faction. Débonnaire, il me lance :

— Alors, il est comment Sarko ? On dit que sa dame n'est pas facile.

Nous rions.

Le palais vit la fin d'un règne. Les collaborateurs élyséens cherchent un point de chute, chacun doit se recaser. Les chiraquiens savent trop bien qu'aucune place ne les attend dans le prochain royaume. Quant aux inamovibles, des cuisinières aux majordomes, des jardiniers aux hauts fonctionnaires, ils attendent les « nouveaux ».

Ne plus être seul

On l'aura compris, mon père m'a communiqué toutes les peurs : celle de l'échec, de la maladie, celle de mal vieillir aussi... Quand j'ai commencé à pratiquer le sport de manière intensive, il y a seulement une quinzaine d'années, il fallait que ma vie change. Je travaillais seize heures par jour, j'étais « nase » – je ne trouve pas de mot plus juste. Mon plaisir déclinait. La télé, c'est comme le sexe. Quand il faut se forcer, le véritable désir s'efface pour devenir une habitude, un acte fastidieux. On vit sur la fatigue, mécaniquement, la tête ne fonctionne plus normalement. Je redoute cet état, quand je le ressens je sais qu'il faut prendre une voie nouvelle. Et en 1987, après presque vingt ans d'antenne, je comprends que je travaille de façon stéréotypée. L'enthousiasme n'est plus là qu'une fois sur deux. À la radio, c'est plus facile, on y va en jean et baskets, mal rasé, porté par le moment. Mais quand on mène les deux carrières de front, on finit par ne plus pouvoir surmonter la fatigue. Et cela se voit. Moi, du moins, je le vois, malgré l'excellente maquilleuse et la compétence des assistants.

Nous sommes à la fin de « Champs-Élysées », je viens de passer quatre années exténuantes sur Europe 1, je ne dors que quelques heures par nuit, je ne vois plus ma famille, je me sens fragile, irascible, survolté. Le signal d'alerte retentit quand plus rien n'a vraiment de prise sur vous, même pas la vie avec vos proches. Dormir, manger, repartir, comme un automate. Je n'ai plus de vie personnelle. J'enchaîne émission sur émission, projection sur projection, parfois deux films par jour. Bouquins survolés, collaborateurs surmenés. On enquille, on mouline, plus personne ne profite de rien. À peine vais-je recevoir un invité que je me concentre déjà sur le suivant. J'assure une quotidienne en radio et un prime time chaque samedi soir, en direct. Une folie.

Après huit ans de « Champs-Élysées », je vais passer sur TF1 pendant quatre ans, et présenter « Stars 90 », « Ciné Star » et « Music Star » en seconde partie de soirée. Et c'est Jean-Pierre Elkabbach qui va me ramener dans le sérail du service public. Un soir, il me dit : « Si je suis élu à la présidence de France Télévisions, promets-moi de revenir dans le service public. »

J'ai tenu ma promesse. Ce sera « Studio Gabriel » et « Faites la fête ».

Deux émissions où pour la première fois je n'étais plus seul à l'antenne. L'idée d'un talk-show quotidien m'avait déjà traversé l'esprit. Et pas seulement le mien : plus tard, je saurai qu'André Rousselet sur Canal + a souhaité me voir rejoindre la chaîne cryptée. Mais Pierre Lescure et Alain de Greef, ses bras droits, lui ont fait part de mon refus... sans me contacter.

« Studio Gabriel » voit donc le jour. Après un démarrage difficile, il fera les beaux soirs de France 2 pendant quatre ans. Pour la première fois dans l'histoire de TF1, la chaîne privée a même perdu le leadership du fameux access-prime time.

Quant à moi, je partage l'antenne avec une poignée de jeunes talents, de vingt ans de moins que moi. Avec Françoise Coquet, nous avons testé à l'antenne des visages neufs, inconnus du grand public et qui, c'est notre fierté, sont devenus des vedettes. Je pense d'abord à Laurent Gerra, évidemment, imitateur surdoué découvert sur France Inter grâce à Laurent Ruquier et Jacques Martin. À ses côtés, Virginie Lemoine, sa compagne et complice, l'avait repéré à Lyon et n'avait eu de cesse de le faire monter à Paris. Ce duo unique fait chavirer la France de rire. Détournant des images génialement montées par le magique Rémy Robin, notre monteur et ami depuis toujours, Laurent et Virginie me donnent des sueurs froides, me fâchant avec quelques stars du métier qu'ils brocardent férocement chaque soir. Je redoute particulièrement les coups de fil nocturnes de Johnny. Parfois, vers 4 heures du matin, ma femme Dany, sa copine depuis les années 1960, me réveille en me tendant le combiné. Johnny commence toujours par les mêmes mots...

— Allô, c'est Johnny, tu dors ?

— À ton avis ?

— Tu diras à cet enculé de Gerra que, s'il continue à me faire passer pour un con, je vais lui péter la gueule.

Je me rendors, en espérant que le lendemain Johnny aura oublié – ce qui est généralement le cas. Et je me garde bien d'intervenir. La seule fois où je l'ai fait, Laurent en a remis une couche, au vitriol. Pendant des semaines, Johnny m'a téléphoné, m'assurant chaque fois que son appel serait la dernière sommation. Jusqu'au jour où, réveillant Dany pour la énième fois, le ton monte.

— Bonsoir, c'est Johnny. Peux-tu me passer ton enculé de mari ?

— Mais tout de suite, Johnny.

— Allô Michel, tu dors ? Je m'en fous... C'est la dernière fois que je t'appelle. Si Laurent Gerra continue, c'est à toi que je vais péter la gueule !

Tout a fini par rentrer dans l'ordre. Le chanteur a fait un jour la connaissance de son imitateur et, comme tout le monde, il est tombé sous le charme. Et un soir de première à l'Olympia, à mes côtés, au premier balcon, Johnny a été le premier à se lever pour applaudir Laurent qui venait de l'imiter, chantant *Félicie aussi...* repris par toute la salle.

Mais, connaissant Johnny, une rechute est toujours possible. Depuis dix ans, il reste le morceau de bravoure de Laurent, avec qui personne n'est à l'abri, pas même l'immense Jeanne Moreau. Lors de son « Vivement dimanche », l'actrice attendait de pied ferme son parodiste. Malheureusement, ce jour-là, il s'est déclaré pris ailleurs.

« Studio Gabriel » a vu naître un autre animateur pas comme les autres. Il a grandi dans l'ombre de deux géants, Simone Signoret, sa grand-mère, et Montand. Quelques années avant que je lance cette émission, Catherine Allégret m'avait demandé de recevoir son fils qui cherchait sa voie. Malgré quelques kilos en trop, Benjamin Castaldi avait déjà un physique de jeune premier. La suite, vous la connaissez. Après des essais concluants, supervisés par Françoise Coquet, « Benjie » a pris son envol. Il a présenté le premier « Loft Story » de M6, devenu légendaire, et n'a cessé de grandir. Aujourd'hui il fait le bonheur de TF1 et mérite son succès. C'est un fonceur qui, s'il le voulait, pourrait montrer d'autres facettes de ses dons. Dès le début de l'aventure de « Studio Gabriel », d'autres jeunes apparurent à nos côtés. Le magicien Sylvain Mirouf, Sylvain Augier, l'homme de « La France vue du ciel », Gaël Le Forestier, fou de musique et de cinéma, et une jeune femme charmante, Laurence Ferrari. À l'époque, je n'avais pas perçu combien cette Italienne de tempérament avait de pugnacité et d'impertinence. Ses interviews politiques pendant la dernière campagne électorale étaient plutôt décoiffantes. Si elle n'a pas remplacé Claire Chazal, Laurence n'a pas perdu au change.

Pendant quatre ans, j'ai été très heureux. Je savais qu'il y aurait un après, « Vivement dimanche » se profilait déjà à l'horizon. Bientôt une nouvelle bande allait me rejoindre : Bruno Masure, Pierre Bénichou, Gérard Miller, Nathalie Corré, Philippe Geluck, Jean-Pierre Coffe, jusqu'à Faustine Bollaert et cette saison Claude Sérillon et Anne Gaelle Riccio... « Studio Gabriel » m'a convaincu d'une chose : ne plus jamais être seul en première ligne. Cette émission quotidienne correspond aussi pour moi à un changement de vie et de rythme. L'âge venant, j'ai renoncé à la radio, je sais que pour réaliser l'ambition de ma vie – « Vivement dimanche » – je ne dois pas entamer le premier capital de ce métier : la santé et l'apparence. Qu'on le veuille ou non, la télévision est le métier du paraître. TF1 n'a pas « starisé » par hasard Laurence Ferrari, Anne-Sophie Lapix ou Harry Roselmak. Idem pour Mélissa Theuriau sur M6. Tous ont en commun un physique exceptionnel. Même Anne Sinclair, en son temps, a dû une partie de son succès à ses yeux bleus et à son pull en mohair. La télévision offre avant tout une image. Contrairement à la radio qui s'écoute, à la presse qui se lit, la télévision se... regarde. On l'« écoute » davantage en seconde partie de soirée ou sur les chaînes câblées, mais sur l'autoroute des grandes audiences, pas d'état d'âme.

Quand on fait de la télévision au quotidien, quand on est régulièrement exposé à l'antenne, le risque d'usure est obsédant. Si l'on veut bien vieillir, s'inscrire dans la durée, c'est d'abord une question de physique. Cet esthétisme télévisuel détourne de l'essentiel. Même ma mère m'appelait pour me dire :

— Mais qu'est-ce que c'est que cette mauvaise mine et cette cravate ?

— Maman, dis-moi plutôt comment tu as trouvé l'émission, parle-moi du contenu ! Je me fous de ma cravate.

À ce diktat de la beauté télégénique s'ajoute un autre paramètre : le charisme. Poivre, c'est aussi un charisme, Zitrone, c'était un charisme. Aujourd'hui la loi des apparences régit aussi la vie de tous les jours dans tous les métiers. Les liens se forment sur une première impression qui s'appelle l'image. La discrimination à l'embauche est souvent une discrimination physique. La télé ne fait qu'ériger en système cette sélection non dite, terrible. Ceux qui sont trop loin de l'idéal esthétique restent dans la salle d'attente – à eux de devenir l'exception qui confirme la règle. Il y a un racisme du physique comme il y a un racisme de l'âge. Moins chez les hommes à mon avis, parce qu'ils tiennent le pouvoir, et que le vent, dans les médias, vient toujours de l'ouest, des États-Unis, où les carrières décollent souvent à cinquante ans. Là-bas, vos cheveux blancs sont votre plus sérieuse carte de visite. Des tempes grisonnantes et une grosse paire de lunettes, en Amérique, c'est sécurisant.

Quand des jeunes du métier viennent me voir, mes questions les sidèrent : Qu'est-ce que tu bois ? Tu fumes ? Combien d'heures dors-tu ? Quelle est ta vie ? Tu es marié, tu habites où ? Quelle distance y a-t-il entre ta maison et ton travail ? Tu fais du sport, quel sport ? Et l'été, tu fais quoi ? J'ai peut-être l'air d'un directeur de casting, mais c'est essentiel. Je n'ai pas donné d'autres conseils à ma nièce quand elle a débuté :

— Marie, tu as dormi ? Tu ne fumes pas, tu ne bois pas, tu dors, tu surveilles ta voix ?...

— Oui, oui, je te promets, tonton.

Je me souviens du jour où Thierry Ardisson a dit, et Dieu sait si Thierry a allumé tout le monde :

— Moi, Drucker, sa carrière me fait chier, il la gère comme une étude de notaire.

Très bien. Les années passent. Nous nous retrouvons pour animer ensemble les commémorations du débarquement de Normandie.

Et là, Thierry me dit :

— Je viens de faire une découverte évidente. Tu avais raison, la télé c'est vraiment un truc physique. C'est très agréable de se sentir aimé.

Il a même ajouté : « Et il n'y a pas de honte à être bienveillant. »

Faire de la télévision est devenu un sport de haut niveau. Longtemps j'ai observé les athlètes gérer leur physique. Je sais ce que Zidane a dans la tête, dans les jambes, dans le cœur. Peu à peu, moi aussi j'ai appris à connaître mon corps. À soixante-cinq ans, je le surveille, plusieurs fois par semaine j'écoute mon « moteur » sur mon vélo ou dans la piscine. Si on ne se connaît pas bien physiquement, tout devient vite plus compliqué. Maintenant je sais comment me préparer. Plus qu'une hygiène de vie, c'est devenu une éthique. Je connais le nombre d'heures de sommeil dont j'ai besoin avant tel ou tel enjeu. Je sais qu'il vaut mieux éviter les tensions avant la concentration et que le calme favorise la mémoire dont j'ai besoin.

À la fin des années 1980, je me suis retrouvé au bord du gouffre, mais heureusement je savais que l'autre condition essentielle de la réussite, c'est la vie privée. Une vie entièrement organisée pour que la machine tourne. Surexposés, les gens de télévision se doivent d'avoir une vie d'athlète. Rien de destructeur ne doit entrer. Le jour où un premier caillou grippe la mécanique de cette vie personnelle, la carrière flanche. C'est également vrai chez les vedettes, je l'ai observé maintes fois. J'ai même soutenu et encouragé des artistes qui pouvaient à peine entrer en scène, leur vie personnelle en morceaux. Le public ne sait pas que derrière les paillettes et le maquillage se cachent parfois des batteries d'anxiolytiques, des hospitalisations discrètes, des ulcères et des crises, des errances... des malaises cardiaques avant cinquante ans. Dans notre métier, quand la voiture dérape, on est vite au fond du ravin.

Dernier secret, dernière barrière pour garantir sa sécurité : ignorer l'argent, ou du moins ses excès. Chez moi, à Vire, si l'excellence était une exigence (qui a d'ailleurs failli me détruire), j'ai cependant eu cette chance de ne pas être élevé dans son culte. Quand des patrons comme Berlusconi – j'y reviendrai – m'ont proposé des sommes pharaoniques, le fric n'a pas eu beaucoup de prise sur moi. J'ai commencé à gagner réellement de l'argent au moment de la privatisation de l'audiovisuel, en montant ma propre boîte de production, comme tout le monde, au bout de vingt ans de salariat. J'avais déjà quarante-cinq ans. Dans la télévision des pionniers, on vivait heureux sans être riche.

Face à tous ces changements, ces dangers et ces nouveaux horizons, mon obsession a toujours été d'éviter la sortie de route. Avec cette hantise : perdre ma lucidité.

La vérité de ce métier, c'est qu'il distille goutte à goutte un narcissisme euphorisant qui peut vous faire croire que vous êtes irremplaçable.

Quand j'ai été viré en Mai 68, j'étais persuadé que le public réclamerait mon retour. Il n'a rien réclamé du tout, il avait mille choses plus importantes à faire.

Et s'il n'y a pas de lendemain à « Vivement dimanche », même si ma chienne Olga est la plus célèbre de France, je sais parfaitement que je rejoindrai moi aussi le cimetière de l'audiovisuel où je retrouverai un certain nombre de « vedettes » qui se croyaient indispensables. Dans nos métiers personne ne l'est. La seule vraie vedette de la télé, c'est la télé.

Jean

Avant d'évoquer mon frère, je préfère laisser le soin à Jacques Rigaud, ancien président de RTL qui dès les années 1980 l'appela à ses côtés, de vous dire le patron qu'il était...

« Négociateur-né, diplomate de tempérament, expert en convivialité, il n'était pas de ces patrons qui s'imposent par le cynisme de leurs vues, la brutalité de leurs façons, et ne délègue leurs prérogatives à des collaborateurs qu'à regret... Séduisant et persuasif, ennemi du double langage, d'une probité sourcilleuse, aussi retenu que convaincu dans son expression, toujours précise et sobre bien que volontiers prolixe, il était un chef d'entreprise respecté et pour ses actionnaires un mandataire fiable et loyal. »

Jean a été le prince de la famille, le prince de mon enfance. Il avait tout, un physique exceptionnel, de la distinction, c'était un élève exemplaire. Mais surtout... il était mon frère aîné. Longtemps il a été le centre de la maison, celui en qui mon père plaçait ses plus grands espoirs, celui qui serait médecin... Et puis la vie et Jean en décidèrent autrement.

Après la médecine, mon père a espéré en faire un haut fonctionnaire, un préfet. Je suis persuadé qu'Abraham Drucker, dans les années 1950-1960, rêvait de voir son fils coiffé d'une casquette galonnée présider la fête du 14 Juillet et recevoir le Tout-Vire dans la sous-préfecture qui dominait la ville. Ce prestige lui aurait donné sa revanche sur les années sombres où le conseil de l'ordre de la région n'avait pas vu d'un bon œil l'arrivée d'un petit médecin juif roumain. Que venait-il faire chez les « vrais Français » de Basse-Normandie où couvaient déjà les braises de l'antisémitisme ?

Souvent je me suis demandé si mon père avait été dénoncé en 1942 à la Gestapo par un brave paysan normand qu'il avait peut-être soigné ou par un de ses confrères du département...

Jean réalisera bien les rêves paternels : Sciences-Po et l'ENA. Mais en sortant de l'École nationale d'administration, il ne choisira pas le corps préfectoral : il entrera au ministère des Affaires culturelles, dont le ministre de l'époque, Jacques Duhamel, dans le sillage d'André Malraux, le marquera profondément.

Très vite, mon frère rejoint l'ORTF où je suis entré quelques années plus tôt. Et pendant plus de trente ans, les deux frères Drucker vont suivre un chemin parallèle, l'un saltimbanque, l'autre patron de médias.

Notre lien était à la fois profond et pudique. Il nous a fallu du temps avant de trouver entre nous les mots justes, pour que de frères nous devenions amis.

Quand il était premier de la classe au lycée Émile-Maupas, quand il passait son bac avec mention, j'étais depuis longtemps le souci de la famille. Il m'était supérieur, de loin. Je l'ai envié, lui, le fort en thème, le fort en tout, qui revenait à la maison couvert de livres et d'honneurs. Lui, toujours lui, le meilleur joueur de foot de l'école, imbattable aux billes... Lui qui faisait courir toutes les filles de Vire. Même si, à l'heure de la surboum, j'avoue que je pouvais enfin rivaliser.

Les hasards de la vie nous ont placés sur la même autoroute, celle de la télévision. Jean sur la voie des états-majors, moi sur celle des gens d'antenne. J'ai toujours pensé que faire Sciences-Po et l'ENA vous éloignait de cette France anonyme qui m'a sauvé en me donnant à travers la télévision une forme de respectabilité que l'enseignement m'avait refusée. Durant les trente années de sa carrière, Jean a côtoyé les grands patrons de l'audiovisuel et les maîtres du CAC 40 lorsque, au milieu des années 1980, ces derniers ont vu dans la télévision une industrie nouvelle. Pendant ce temps, je sillonnais le pays, de stade en stade, découvrant la France « télé-spectatrice ».

La prudence et l'habileté des grands commis de l'État, dans une télévision alors entièrement sous la coupe du pouvoir m'intriguaient et me gênaient en même temps. Jean était de ce monde-là, un peu malgré lui. Le fort en thème de mon enfance est resté toute sa vie un premier de la classe, jusqu'au jour où après avoir tout gagné et tout réussi, étrangement, il a tourné vers moi un regard frappé d'inquiétude. Ayant tout prouvé, notamment en créant M6, après avoir passé le relais à Nicolas de Tavernost, il se demandait comment négocier la dernière ligne droite. Dans nos métiers le plus dur est aussi de réussir sa sortie. J'avais pour lui et moi un projet qui aurait enthousiasmé nos parents – malheureusement disparus. Le week-end de sa mort, ce tragique week-end de Pâques 2003, nous devions nous retrouver dans sa maison de Mollégès, à deux pas de la mienne, au cœur des Alpilles où reposent nos parents, entre Saint-Rémy-de-Provence et Cavaillon. Je voulais lui proposer de concrétiser ce projet : nous associer, additionner nos connaissances, mettre à profit nos réseaux respectifs pour créer un bureau de conseil en communication, moi continuant à être à l'antenne et lui pilotant cette structure inédite. L'idée l'enthousiasmait. Tous les deux, presque jumeaux, nés le même jour à treize mois d'écart, après avoir exercé le même métier durant trente-cinq ans, allions nous unir au moment où l'audiovisuel vivait sa grande mutation. Nous imaginions nos parents, toujours eux, leur bonheur et leur fierté s'ils avaient pu voir la première carte de visite de cette société : Drucker & Drucker, conseils en communication.

Jean aurait été le premier sur le papier à en-tête. Il demeurait l'aîné.

La vie en a décidé autrement. Il est mort foudroyé par une crise d'asthme à l'heure où j'allais l'entraîner dans une vie sans stress. Le stress que nous a légué notre père, ce fléau qui fut aussi notre moteur, a finalement eu sa peau.

Tous ceux qui l'ont approché dans les derniers mois de sa vie ont remarqué son anxiété, sa nervosité. Pour de multiples raisons, professionnelles et personnelles, mon grand frère, l'idole de mon enfance, avait moins de force et d'assurance. À soixante ans passés, le temps du premier bilan, l'énarque apparemment sûr de lui s'était mis à douter comme beaucoup d'hommes brillants. Jean avait toujours gardé secrète une certaine inaptitude au bonheur. Là où une évidente réussite aurait dû le satisfaire et le rassurer pleinement, l'incertitude demeurait. Jean restait un très grand angoissé, un hypersensible. Il avait, comme moi à un degré moindre, hérité cette blessure de l'existence, trait de caractère de notre père. Notre jeune frère Jacques, né quatre ans après nous, lui, y a échappé. Cette charge, nous l'avons portée avant lui, comme si de l'aîné au benjamin, elle avait été chaque fois plus légère sur les épaules des héritiers.

Durant les longues années où nous avons fait route commune, souvent je me suis demandé ce que mon frère pensait de moi, de mon parcours, de mes émissions. Jean ne se confiait pas, détestant effusions et confessions. Il était un ardent adversaire de la télé-réalité, même si « Loft Story » fut le premier immense succès de la chaîne qu'il dirigeait. Au fond, Jean s'intéressait aux autres plus qu'à lui-même.

Aujourd'hui qu'il a disparu, je perçois mieux l'ambivalence, la contradiction qui tenaillait cet homme exceptionnel. Sciences-Po et l'ENA incarnaient en fait ce qu'il a détesté toute sa vie. S'il a suivi cette voie dite royale, c'est pour notre père. Lui se rêvait ailleurs que dans les allées du pouvoir. À dix-sept ans, au nez et à la barbe des parents, il bourlingua à Cuba avec un groupe d'intellectuels français, dont le rebelle Régis Debray et une jeune écrivaine à la plume « scandaleuse », Françoise Sagan. Les idoles de son adolescence s'appelaient Castro, Che Guevara, Bob Dylan, Joan Baez, Georges Brassens... S'il eut toute sa vie à fréquenter l'autorité des décideurs, la frilosité des politiques, les courtisans et leurs coups bas, les enjeux d'intérêts, les servilités, sans oublier le bataillon des arrivistes et des conseillers des princes, cette cohue le rendait triste. Finalement, la maladie dont il a le plus souffert était la lucidité. Jamais dupe de rien, Jean a vécu les yeux grands ouverts. Lors de nos dîners dominicaux chez Marius et Jeannette ou chez Thérèse, notre amie du Tong Yen, notre jeu favori était de passer en revue toutes les fausses valeurs et les impostures de la semaine, en riant. À ce jeu, Jean excellait. Avec un humour dévastateur il me racontait – mon Dieu qu'il était drôle ! – les vanités de tel banquier belge, les travers de tel conseiller, de tel publicitaire, les abus de ce capitaine d'industrie ou les complaisances d'un journaliste ne rêvant que des faveurs de l'Élysée... Il aura eu peu d'amis mais beaucoup de relations, conscient d'avoir besoin de tous ces gens autant qu'ils avaient besoin de lui, pour appartenir à un système, une caste, que je voulais lui faire quitter.

Comme mon père, mon frère était aussi un séducteur. Le jour de ses obsèques au cimetière de Passy, en avril 2003, j'ai vu couler beaucoup de larmes sur les joues de jolies femmes qui continuent à fleurir sa tombe.

Sa fierté fut sans aucun doute sa fille Marie dont il ne manqua aucune des premières apparitions sur I-télévision. S'il était encore de ce monde, je sais qu'il quitterait ses dîners professionnels à 22 h 30 pour ne pas rater le « Soir 3 » de « Mariouch » – la plus fidèle de ses téléspectatrices restant sa chère maman Véronique. Le dernier bonheur de Jean, enfin, fut Vincent, son petit garçon. Il avait quatre ans à sa mort. Un jour, plus tard, je lui raconterai qui était son père.

Toute la famille a été anéantie par la mort de Jean. Quatre ans après ce drame, pendant mes vacances, l'été, il ne s'écoule pas une semaine sans que je ne passe devant sa maison à vélo. Parfois, je m'arrête pour demander au gardien de me laisser me promener un moment dans le jardin comme au bon temps où je venais y remplir ma gourde avant de repartir à l'assaut des Alpilles. Je l'entends encore me lancer du bord de sa piscine : « Il est midi, t'es dingue de rouler par ce cagnard ! »

Ce qui m'a le plus bouleversé dans les mois qui ont suivi sa disparition, c'est le jour où Anaïs, la maman de Vincent, m'a demandé de récupérer une lourde malle qui m'était destinée. Quand je l'ai ouverte, dans ma maison de Provence, j'ai découvert, par liasses, tout ce qui avait été publié sur moi et ma carrière depuis mes débuts en 1965. Jean avait conservé tous les articles, toutes les interviews, les photos, les couvertures des magazines de télévision. Sa secrétaire de toujours, sa complice, Nicole Evano, me prévint également que lorsqu'elle avait ouvert les tiroirs de son bureau à M6, soigneusement fermés à clef, elle aussi avait trouvé un grand nombre d'articles me concernant.

Tous les jours mon frère me manque. On ne s'habitue jamais à l'absence de ceux qu'on a aimés. Je n'envisage pas une décision professionnelle sans me demander longuement ce qu'il en aurait pensé, ce qu'il m'aurait conseillé. Quant à mon frère Jacques, que j'ai toujours considéré comme le cerveau le plus libre de la famille, je sais que lui non plus ne se remettra jamais vraiment de la disparition de notre aîné. S'il n'y a pas d'âge pour être orphelin, il n'y en a pas non plus pour perdre un frère.

En perdant un aîné, du jour au lendemain, on devient soi-même chef de famille. Je le suis depuis quatre ans. Avec le souci de garder le clan groupé, comme je l'avais promis à mon père sur son lit de mort, en 1983. Moi qui n'ai jamais eu d'enfants biologiques, je suis à la tête d'une grande famille, avec Dany, Stéfanie et Rebecca... Mais aussi un peu responsable de celles de Jean et de Jacques, avec Marianne, Camille, Éva, Léa, Marie... Elles continuent de faire honneur à cette tribu venue de si loin.

La vie continue, même si la plaque « Drucker & Drucker en communication » ne sera jamais gravée.

Au cours de nos deux carrières parallèles, Jean a été mon patron durant six mois – il fallait bien que cela arrive ! Cela aurait pu survenir quelques années auparavant quand il prit la direction de RTL mais je venais de quitter la station, avant de passer à l'« ennemi » Europe 1. Jean, nommé à la tête d'Antenne 2 en 1986, me demanda immédiatement de reprendre « Champs-Élysées » que j'avais suspendu pendant quelques mois, épuisé. Ironie de l'histoire, nous dînions ce soir-là chez notre chère maman, après le sacro-saint « Sept sur sept » d'Anne Sinclair qu'elle ne manquait jamais, et je rentrais de Milan où je venais de passer le week-end avec un certain… Silvio Berlusconi.

Le magnat de la télévision italienne avait des projets pour la France. Il était loin d'imaginer qu'il serait un jour président du Conseil de son pays – et j'avoue que moi aussi. À Milan, il m'avait proposé un contrat colossal sur La Cinq, comme producteur-animateur-conseiller. J'avais la semaine pour lui répondre, le temps de rédiger le contrat. Durant quarante-huit heures démentes, ce personnage d'opéra bouffe, ancien musicien de bar, m'a sidéré. On l'aurait dit tout droit sorti d'une comédie de Dino Risi, entre Aldo Maccione et Vittorio Gassman. Il m'a fait visiter ses studios, ayant l'œil au moindre détail. Embrassant les danseuses sur les plateaux, surveillant l'ourlet d'une robe, la couleur d'un décor ou le son d'un trombone, il connaissait visiblement tout de la télévision et, dans le domaine de la vulgarité, il était déjà le numéro un.

Au moins je savais avec quel genre d'homme je signerais. Lors du dîner, entre deux blondes pulpeuses et deux de ses conseillers, Silvio m'a offert le pactole. Son contrat promettait un chiffre d'affaires annuel équivalent à vingt millions d'euros pendant cinq ans, avec en prime une Ferrari rouge et un manteau de fourrure pour ma femme – superflu, Dany, protectrice des animaux, lui aurait immédiatement renvoyé le cadeau avec une lettre d'insultes.

Tout en enroulant les *pastas* au bout de ma fourchette, je me demandais naïvement si les deux blondes faisaient partie du contrat. Avec mon complice Christian Dutoit – qui créera plus tard LCI avec Jérôme Bellay –, lui aussi du voyage, nous avons beaucoup ri dans l'avion du retour. À la fois amusés par le séjour et bluffés par les mirobolantes propositions.

C'est dans cet état d'esprit que j'arrive chez ma mère pour croquer les cornichons de Goldenberg et déguster l'incontournable strüdel du dimanche soir. Ironie du hasard, au moment de passer à table, Jean nous annonce qu'il vient d'être nommé à la tête d'Antenne 2. Et, naturellement, il me demande de reprendre « Champs-Élysées »... pour deux cent mille euros l'unité. Une misère comparée aux propositions milanaises. Bien entendu, j'accepte et j'appelle immédiatement Berlusconi pour lui annoncer que je renonce à ses milliards, arguant comme lui de mon sens de la famille. Comment pourrais-je abandonner mon frère au moment où il a tant besoin de moi ?

— *E alora ? No problemo.* J'achète ton frère aussi !

Ce soir-là, j'ai été bien inspiré. Quelque temps plus tard, tout ce que le « PAF » comptait de stars s'est jeté dans les bras dorés de Berlusconi, à l'exception notable de Jacques Martin, de Bernard Pivot et de votre serviteur. Nous connaissons la suite : bimbos, plumes d'autruche et paillettes avant une véritable hécatombe économique qui s'acheva par la fermeture pure et simple de La Cinq – événement unique dans les annales mondiales de l'audiovisuel.

Le rusé *condottiere* avait tout simplement omis de dire toute la vérité aux stars débauchées à prix d'or : sa chaîne, faute de relais, ne serait reçue que sur un tiers du territoire. Quelques mois plus tard, Francis Bouygues a eu la satisfaction de voir revenir chez lui toutes les étoiles de la télévision, après avoir tout de même empoché les chèques du *Commandatore.*

Je ne l'ai plus revu. Je ne roule toujours pas en Ferrari, Dany ne supporte même plus la fourrure en photo. Et je n'ai plus jamais eu Jean comme patron. Lors de son bref passage à la tête du service public, encore eut-il le temps de créer, avec ma complicité, la cérémonie des Molières.

Les six mois que nous avons passés ensemble n'ont pas été les plus confortables de ma carrière. Mal à l'aise dans le rôle du frère du patron, j'avais l'impression de me retrouver au lycée de Vire dans la position du cadet surveillé par son brillant aîné. Heureusement, « Champs-Élysées » marchait fort et je n'ai pas eu à rendre compte à « ma direction ». Lorsque Jean fut viré moins d'un an plus tard (par Jacques Chirac !), j'avoue avoir été triste pour lui... et un peu soulagé pour moi. Sa traversée du désert ne dura qu'un été. Douze mois plus tard, naissait M6.

Le cadeau de Claude François

La première fois que je l'ai rencontré, en 1965, sur le plateau d'une émission de Michèle Arnaud, je l'ai trouvé maigrichon. Sa silhouette de gringalet m'avait frappé. Sur les photos de son enfance, il avait l'air chétif des enfants fragiles, et pourtant, bizarrement, cet homme frêle de un mètre soixante-quinze dégageait, même au repos, une énergie phénoménale. On sentait chez lui une combativité infinie. Toujours en mouvement, agité, avec ce débit ultrarapide, saccadé, qui est le signe des grands nerveux, Claude était une espèce de mitraillette toujours prête à faucher son entourage professionnel de rafales meurtrières. Il était célèbre depuis trois ou quatre ans, avec le fameux *Belles, belles, belles* de 1962, mais il n'était pas encore la star qu'il deviendra. Figure de proue de *Salut les copains* avec Johnny, Sheila, France Gall et Sylvie, Claude se caractérisa d'emblée par le souci du détail et son regard déjà tourné vers le monde musical anglo-saxon. La première fois que je suis entré dans son bureau, il écoutait en fond sonore une radio anglaise, déjà à l'affût des hits d'outre-Manche et d'outre-Atlantique qu'il pourrait adapter en France. C'est par lui que j'ai découvert la très culte maison de disques Tamla Motown et entendu pour la première fois Diana Ross et The Supremes. Lui encore qui me révéla Barry White et les shows télévisés américains dont les héros s'appelaient Dean Martin, Sammy Davis, Frank Sinatra. C'est en pensant à eux qu'il produira quelques années plus tard « Avec le cœur », qu'il me demandera de coprésenter avec lui.

Claude François venait d'Égypte, d'Ismaïlia, et avait mal vécu le départ de sa famille pour la France après les événements du canal de Suez. Sa famille passa des années sombres dans un studio de Villefranche-sur-Mer. C'est Claude qui fit bouillir la marmite dans les années 1960. Batteur dans l'orchestre d'Aimé Barilly au casino de Monaco, il a travaillé comme un forcené pour sortir du rang et rendre aux siens un peu du bonheur perdu.

Claude voulait la reconnaissance, le succès, la gloire, l'argent, l'admiration, le respect, et il a presque tout obtenu... sauf une longue vie. Mais il est mort comme il avait vécu, d'un geste maniaque, lui qui en faisait toujours trop. Claude et moi avons eu une relation rare faite de respect mutuel et d'ambitions partagées. Quand en 1972 il me proposa d'être son partenaire dans son premier show télévisé de producteur, il avait une idée en tête. À trente ans déjà – nous avions le même âge – il pressentait que son avenir passerait par la télévision. Il était l'un des rares, avec Sacha Distel, à être capable de mener un show télévisé. Inspiré par les crooners américains, il trouva judicieux de s'associer à un jeune journaliste pour former un de ces duos d'hommes en smoking, à l'américaine, qui trancherait sur le tandem habituel d'un présentateur bateleur et d'une speakerine un peu potiche. Ainsi nous sommes-nous lancés dans cette aventure d' « Avec le cœur », divertissement à l'anglo-saxonne, avec des chansons et des sketchs souvent écrits par Claude lui-même. Le but était de faire rire tout en présentant des artistes capables de chanter en duo, dans un décor original. La réalisation était signée Remy Grumbach, le neveu du cinéaste Jean-Pierre Melville, mon complice de « Sport en fête » et des « Rendez-vous du dimanche ». En invité d'honneur, Charles Aznavour y créera ses fameux *Plaisirs démodés,* avant un époustouflant duo avec Claude où ils vont s'échanger leurs succès respectifs.

Parmi les invités, Stone et Charden au sommet de leur gloire et deux débutants qui feront parler d'eux, Alain Chamfort et Véronique Sanson. Claude était surprenant, je l'observais beaucoup. Avec Michèle Arnaud, il m'a appris le ton et le rythme des prime time de divertissement. Le port du smoking aussi, une certaine élégance, et, le plus difficile, la décontraction. Mais ce que je lui dois est bien plus important encore. Je lui dois Dany, ma femme depuis trente-six ans.

Claude était un fan de Dany depuis les années 1960. À l'époque, elle était déjà une star du box-office. En épousant le compositeur Maurice Jarre, elle avait décidé de quitter le cinéma dont elle était pourtant une des valeurs sûres. Elle qui avait signé plusieurs contrats avec des majors américaines a préféré réussir sa vie personnelle, abandonnant à vingt-neuf ans une carrière qui s'annonçait éblouissante, et qu'à mon grand regret elle n'a jamais voulu reprendre. Avec le recul, Dany est pour moi un cas unique dans l'histoire du septième art. Dans un métier où toutes les actrices rêvent d'Hollywood et ne pensent qu'à leur carrière, elle a souhaité, après avoir tourné plus de trente films, entrer dans l'ombre à un âge où l'on n'aime que la lumière. Le jour où je lui ai demandé si elle ne regrettait pas sa décision, sa lucidité et sa détermination m'ont beaucoup frappé. Quand nous nous sommes connus, elle considérait que réussir sa vie de famille était plus important que de courir après un box-office illusoire. Consciente que les hommes et les femmes ne sont pas égaux devant l'âge, Dany savait que le jour où l'on cesse de jouer les jeunes premières, on peut déjà se faire des cheveux blancs. L'avenir lui a donné raison. En renonçant aux sunlights, elle est aussi devenue la chance de ma vie.

En l'invitant sur le plateau d'« Avec le cœur », Claude avait une idée derrière la tête. Il aimait les blondes aux longues jambes. Dany venait de passer dix ans à Los Angeles et n'avait jamais entendu parler de moi. J'étais encore, pour l'essentiel, un journaliste sportif, discipline qui la laissait totalement indifférente, ce qui est toujours le cas – ma tenue de cycliste reste pour elle une source permanente d'hilarité et de consternation.

Bien qu'ayant renoncé à son métier, Dany restait une figure emblématique d'un certain cinéma français. *Boeing, boeing, Les Parisiennes, Comment réussir en amour, Cherchez l'idole...* Les grandes comédies des années 1960, dont elle avait souvent été la tête d'affiche aux côtés de Louis de Funès, Jean Poiret, Michel Serrault, Darry Cowl ou encore Jacqueline Maillan, faisaient partie de la culture nationale, comme *Les Bronzés* quarante ans plus tard. Dany avait un style inimitable, une silhouette irrésistible. La vague des minijupes et des cuissardes faisait des ravages, Claude François était sous le charme. Il m'avait inclus dans certains sketches avec Dany et, à plusieurs reprises, dès les premiers jours de tournage, nous nous sommes trouvés isolés derrière le décor. Un bonheur n'arrivant jamais seul, une grève des techniciens m'a donné l'opportunité d'installer entre nous une forme d'intimité, d'autant plus inespérée que je découvris que nous étions presque voisins, sur la rive gauche. Presque tout de suite, j'ai su que cette jeune femme, à la gouaille classieuse et à la frange blonde, si *in*, deviendrait... la mienne.

Quelques mois après cette émission j'emménageai chez elle, avenue Bosquet. Du jour au lendemain, ma vie a changé. Le jeune journaliste animateur de variétés, le célibataire endurci devenait le chef d'une petite famille, Stéfanie, ma belle-fille, qui n'avait que six ans, étant très vite comme ma propre fille.

Le 28 juillet 1973, Dany et moi nous connaissons depuis plus d'un an quand nous décidons de faire ensemble un voyage aux États-Unis. Pour la première fois je découvre le paysage américain qui fut le sien pendant près de dix ans. Après Los Angeles et la maison où elle a vécu, nous arrivons à Las Vegas afin d'aller entendre chanter Petula Clark, grande star du moment. Las Vegas est déjà un gigantesque casino aux millions de néons, mais pas encore la capitale planétaire du jeu. Nous avons une heure devant nous avant de prendre possession de notre chambre à l'hôtel Sand. Tout à coup, j'ai une idée.

— Et si on allait se marier ?

À Las Vegas, on peut se passer la bague au doigt en dix minutes dans un des nombreux offices réservés à cet usage sur le Strip.

Dany affiche la même stupeur que treize mois auparavant dans les coulisses d'« Avec le cœur » lorsque, brusquement, la connaissant à peine, je lui avais lancé : « Vous êtes la femme de ma vie. »

Quelle mouche m'a piqué de lui demander sa main ce jour-là, entre onze heures et midi, en jean et blouson, à douze mille kilomètres de Paris ? L'envie de la surprendre, de la faire rire. Avec le recul, c'était aussi probablement pour échapper à ma famille. Au moins personne n'en parlerait. Au fond de leur Normandie, mes parents n'auraient pas à découvrir à la une de la presse populaire la photo de leur fils épousant une actrice divorcée avec un enfant, goy de surcroît.

Après avoir patienté dans une salle d'attente en compagnie d'une dizaine de couples, nous nous sommes avancés vers un guichet, avec deux alliances achetées sur place. Pour la cérémonie, il en coûtait quinze dollars. En trois minutes, un shérif pressé m'a fait jurer sur la Bible des mots que je répétais phonétiquement. Je me souviens des trois premiers :

— *Repeat after me.*

Ainsi, en présence de deux témoins, amis de Dany, Mlle Danielle Nadine Savalle est devenue Mme Drucker, pour le meilleur et pour le rire. Mes parents ne l'apprendront qu'un an plus tard. Les deux seuls clichés Polaroid pris lors de cette cérémonie figurent dans le cahier photos de ce livre. Quand ma mère, me regardant un soir à la télévision, s'est aperçue que je portais une alliance, elle n'a pas décoléré pendant un mois. Mais cette discrétion avait une vertu : la paix. Mon frère Jean, angoissé à l'idée de présenter une nouvelle belle-fille à nos parents, a préféré lui aussi épouser sa femme Véronique... sans prévenir personne, avec seulement Dany et moi comme témoins.

De retour à Paris, nous avons fait valider notre union par la loi française. Depuis, ce mariage expéditif et enfantin s'avère une union sacrée, qui trente-six ans plus tard fait de nous une exception dans un milieu jalonné de désastres conjugaux.

Mon métier est une passion dévorante. Je suis un courant d'air qui part tôt et revient tard. Je vis entièrement à l'extérieur et, chaque soir, je retrouve mon contraire, une compagne qui se plaît essentiellement chez elle, sans doute la femme la plus discrète que je connaisse. Pendant toutes ces années, j'ai eu trop souvent la sensation de passer à côté des miens. Je rentre exténué, préoccupé par mon job, comme tous les gens qui font ce métier à fond, sans se rendre compte de leur égoïsme. Les hommes qui font carrière peuvent tirer un grand coup de chapeau à leur femme. Cette vie nous pousse parfois à faire de la peine à notre entourage par une indifférence inconsciente. Je le regrette infiniment. Dany a été ma chance, parce qu'elle connaît bien cet univers. Elle sait, elle comprend. Dans ma vie quotidienne, je peux me comporter parfois en adolescent attardé. Ma maturité, ma rigueur sont absorbées par ma profession ; pour le reste je suis le plus souvent « à côté de la plaque ». Avec ce que cela comporte de légèreté et d'égoïsme. Contrairement à ce que l'on pourrait penser, je n'appartiens pas à une catégorie d'hommes faciles à vivre, j'ai tous les symptômes de l'emmerdeur : hypocondrie, angoisse, souci de soi, paranoïa. Il y a une forme de cruauté involontaire dans l'égocentrisme. Je me suis aperçu que j'avais tendance à m'occuper des autres en général plus que de mes proches en particulier. Heureusement, la gardienne du phare veille. Sans mon port d'attache, je serais vite en perdition. Je ne pourrais plus être heureux. Mon métier m'accapare tellement que je ne garde pas assez d'énergie pour ceux qui m'en donnent, mes intimes. Dany est devenue le rempart que nous avons fabriqué ensemble.

Si elle demeure la grande chance de ma vie, Stéfanie a toujours été une autre source de bonheur. Petite fille modèle, elle n'a rencontré son véritable père, Maurice Jarre, qu'à l'âge de dix-sept ans. Les enfants aiment ceux qui les aiment. Stéfanie est encore le rayon de soleil de notre famille. Talentueuse décoratrice, je me souviens de notre joie lorsqu'elle obtint son molière pour *La Petite Boutique au coin de la rue.* Et voilà onze ans, elle nous a fait un cadeau qui n'a pas de prix : sa fille Rebecca, déjà si élégante, et dont le tempérament artistique ne laisse planer aucun doute sur son avenir.

Cette évocation de ma vie personnelle m'amène à une réflexion sur ce que je considère comme les conditions nécessaires pour réussir à long terme dans ce métier. Peu de couples célèbres franchissent l'épreuve du temps. Souvent, il n'y a pas assez de place pour deux noms en haut de l'affiche. Dans la vie d'un couple public, les liens les plus forts ne résistent pas aux exigences de la gloire. Un couple d'acteurs qui tourne trois ou quatre films par an aux quatre coins du monde, ne communiquant plus que par SMS, finit par devenir étranger l'un à l'autre. Difficile pour un couple, aussi, de résister au succès de l'un et à l'insuccès de l'autre. Ne parlons pas de la rivalité qui finit presque toujours par survenir. Quelques duos ont trouvé la solution, en jouant de temps en temps ensemble pour garder le contact (les rares époux que j'ai vus enchaîner les décennies main dans la main sont d'ailleurs ceux qui se sont consacrés au théâtre, comme Madeleine Renaud et Jean-Louis Barrault ou Jean Desailly et Simone Valère). Quant aux enfants de star, presque tous traversent des périodes de turbulences. Dans les familles anonymes recomposées, la garde alternée est déjà douloureuse, mais quand ces familles sont célèbres tout devient encore plus compliqué.

Si ces enfants choisissent à leur tour le même métier que leurs parents, garder le clan groupé, uni, relève des coulisses de l'exploit. Être célèbre n'est jamais ordinaire. Je suis devenu un homme public à vingt ans, pris malgré moi dans cet étrange faisceau lumineux qui fait fantasmer tant de jeunes gens aujourd'hui. Mais comme je l'ai écrit plus haut, les événements de Mai 68 m'ont alerté sur la fragilité de ce vedettariat. La notoriété télévisuelle est la plus éphémère de toutes, c'est du vent. Hors de la lucarne magique, notre silhouette d'homme célèbre disparaît peu à peu à l'horizon, remplacée par d'autres, qui en une saison auront effacé la trace de nos pas. Si je peux me permettre de répéter un conseil à la jeune génération des futurs « héros » cathodiques, ne vous la jouez pas trop.

Les écrivains, les journalistes, les artistes laissent des écrits, voire une œuvre, dont certains vous accompagneront toute votre vie. Les acteurs laissent une trace sur la pellicule. L'homme de télévision ne laisse rien, sinon des archives qui font la fortune de quelques producteurs passés maîtres dans l'art du recyclage et des best of.

Quand je tirerai ma révérence pour dresser le bilan de cette magnifique aventure commencée voilà quarante-trois ans, les visages et les voix qui me resteront seront aussi ceux d'hommes et de femmes parfaitement anonymes rencontrés par exemple sur les routes du Tour de France.

Des téléspectateurs qui m'invitent à prendre l'apéritif dans leur caravane, en me disant :

— On vous aime depuis vos débuts.

N'est-ce pas, au fond, ce que nous voulons tous, chacun dans notre vie, entendre un jour ?

Le Tour de France

Juillet est probablement le mois que j'attends avec le plus d'impatience. Trois semaines durant, je vais vivre au rythme du Tour. Vous en parler avec lyrisme et passion alors que le cyclisme, une fois encore, est pollué par des affaires de dopage peut paraître inconvenant. Pourtant je ne peux me résoudre à admettre qu'un sport si beau, si dur soit systématiquement la cible des donneurs de leçons. Le cyclisme a bercé mon adolescence, je rêvais d'être le maillot jaune. J'aime le vélo parce qu'il exige une abnégation qui dépasse l'entendement. Chaque fois qu'il m'arrive de suivre une étape de montagne dans la voiture de mon copain Christian Prudhomme, le patron de la course, ou dans la voiture décapotable de mon ami Gérard Porte, le médecin du Tour, je suis saisi par la terrible vision des sans-grade lâchés dès les premiers kilomètres des cols.

Sur les cent cinquante coureurs qui prennent le départ et qui peuvent être considérés comme les meilleurs du monde, seule une petite dizaine peut prétendre à la victoire finale, les autres roulent pour leurs patrons et pour leur passion. Chaque équipier a sa spécificité, les grands gabarits, les rouleurs, accomplissent l'essentiel de leur tâche dans la plaine, abritant leur leader au sein du peloton, le protégeant du vent et des périls de la course. Les petits gabarits réservent leurs forces pour la montagne où ils serviront de « lièvre » à leur champion, le plus haut, le plus loin possible sur les sommets des Alpes et des Pyrénées avant de lâcher prise, à bout de forces. Pour ceux qu'Albert Londres appela dans les années 1930 les « forçats de la route » et qu'on nomme aussi les porteurs d'eau, le quotidien est rude. Dès les premiers cols, le plus souvent sous un soleil de plomb, ils vivent l'enfer au milieu de milliers de spectateurs qui ignorent leur nom, ils se hissent sur des crêtes, parfois à plus de deux mille mètres d'altitude, où la température peut chuter à cinq degrés – soit trente degrés de moins que dans la vallée.

L'histoire que je veux vous raconter date d'il y a quelques années, dans une étape alpestre sur les hauteurs de Courchevel. Dès le premier col d'une série de quatre, un immense coureur que je reconnais zigzague devant moi : Axel Merckx. Ce jour-là, le fils du grand champion belge a décidé de se surpasser : son père, le roi Eddy, est l'invité d'honneur à bord de la voiture de la RTBF, la première chaîne de télévision belge. Je choisis d'accompagner ce géant de un mètre quatre-vingt-huit, parce que je l'ai connu gamin, à l'époque où il a fait le choix de devenir coureur cycliste professionnel malgré un nom terrible à porter.

Après vingt kilomètres de course, d'un échange de regard avec Axel je comprends qu'il est dans un mauvais jour. Nous sommes à cent quatre-vingts kilomètres de l'arrivée, le peloton est déjà loin. Toute la journée, cet équipier modèle, qui comme tous les grands gabarits redoute la montagne, va galérer, menacé par la voiture-balai. Dans sa roue, elle le guette comme un rapace qui ne lâche pas sa proie. Il est pris de crampes d'estomac, de vomissements; encouragé par une poignée de supporters belges massés dans les virages, c'est une ombre chancelante qui gravit les pentes chauffées à blanc parmi les cris et les klaxons. Axel n'entend plus rien ni personne depuis longtemps. Alertées dès les premiers kilomètres, les motos de presse mitraillent sous tous les angles le fils de Merckx. L'occasion est trop belle. Parfois, la pente qui avoisine les douze pour cent semble un mur. Le jeune coureur s'accroche. Au sommet de la pédale, on se demande si sa jambe va pouvoir redescendre. Le deuxième col à peine franchi, le naufragé sait qu'il est depuis longtemps menacé d'élimination. Le *grupetto* ou l'« autobus » – nom employé pour désigner le gros de la troupe des lâchés – est à trois kilomètres devant nous. Dans un sursaut d'orgueil et de courage, Axel se lance dans les descentes à tombeau ouvert pour tenter de recoller à ce dernier peloton qui peut encore le sauver. Loin, très loin devant, Lance Armstrong et les cadors ont déjà Courchevel dans leur viseur. Ne pouvant s'alimenter, Axel accumule les défaillances, c'est un fantôme que je vois tenter de vaincre l'ultime montée. C'est alors que j'aperçois derrière moi, remontant lentement et silencieusement à ma hauteur, à bord de la voiture de la télévision belge, son père. Eddy Merckx suit en effet depuis plusieurs heures le calvaire de son fils. À quinze kilomètres du sommet, le champion en détresse apprend par son directeur sportif qu'il est menacé d'être hors délai. Ce jour-là, le temps de retard maximal toléré par les commissaires est de quarante-cinq minutes soit, à quelques minutes près, le temps nécessaire pour gravir ce dernier col. Armstrong, vainqueur de l'étape, est déjà sur la table de massage, ayant bénéficié, star oblige, d'un hélicoptère pour le ramener dans la vallée. Depuis le début, je reste à bonne distance d'Axel, afin de ne pas le gêner davantage en jouant les voyeurs. Mais là, pour la première fois, je demande à mon chauffeur de le rejoindre. Ne serait-il pas plus raisonnable d'abandonner ? C'est ce que prévoit le règlement quand un coureur est hors délai. Axel met pied à terre, arrache son dossard, mais refuse de monter dans la voiture-balai retrouver quelques compagnons d'infortune qui pour la plupart pleurent de douleur et de tristesse. Brûlant ses dernières forces, il repart. Pour lui, cette étape ne peut pas s'achever par un abandon. Son père, le plus grand coureur de l'histoire, est l'invité de la course. Pas question de renoncer devant des millions de téléspectateurs belges qui suivent ce drame depuis le début de l'après-midi.

Sur les pentes de Courchevel, une grande partie du public commence déjà à redescendre dans la vallée. Le long de la route, ils le croisent, le regard vide, au bord de l'évanouissement. Épuisé, ayant fait reculer les limites de la douleur, victime d'hypoglycémie, c'est un pantin désarticulé qui finit par s'immobiliser. Et là, à l'arrière du break de la RTBF, Axel voit le visage de son père. Alors, loin des caméras, le grand Eddy Merckx vient lui-même aider son fils à desserrer ses cale-pieds, avant de le prendre dans ses bras et de l'entraîner doucement dans sa voiture.

À ce moment-là, Eddy Merckx n'était plus qu'un père comme les autres.

Ils ont beaucoup compté

Parmi les grands aînés des hommes de médias ayant marqué notre profession au cours des cinquante dernières années, j'aime me souvenir de ceux qui à différentes époques de ma carrière m'ont rassuré, guidé, et fait réfléchir sur l'évolution de mon métier. Même si certains ne sont plus là, dans un milieu où l'amnésie est de règle, je me dois d'avoir une pensée pour eux.

Ma première famille télévisée fut celle des sports, dirigée par Raymond Marcillac. C'était une petite famille qui se partageait quelques bureaux étroits et sombres dans un joyeux désordre, au fameux 15 de la rue Cognacq-Jay. (Ce n'est pas l'effet du hasard si j'habite depuis trente ans à deux cents mètres de cet endroit mythique – qui n'a pas entendu un jour : « À vous Cognacq-Jay » ?) Un trio m'avait très vite accueilli, Roger Couderc, Robert Chapatte et Thierry Roland, le premier à m'emmener dans ses bagages quand il se rendait dans l'ancien parc des Princes pour commenter les matchs du Racing, son équipe fétiche à l'époque. Thierry Roland est avec moi un des vétérans de la télévision. Près de cinquante ans après ses débuts et après avoir commenté douze Coupes du monde, il fait les beaux jours de M6 avec la gouaille et la liberté de ton qui ont fait son succès.

Roger Couderc, le centre du trio majeur du Service des sports, était un homme du Sud-Ouest, avec ce que cela implique de soleil, accent et bonne humeur. Bien plus qu'un reporter sportif, Roger était un supporter, avec toute la fougue et les cocoricos de ce rôle. Avec à ses côtés l'inoubliable Pierre Albaladejo, il se définissait comme le seizième joueur de l'équipe de France de rugby quand il commentait les matchs. Sa verve était devenue si indispensable aux retransmissions du Tournoi des Cinq Nations que j'ai toujours été persuadé que les téléspectateurs ne suivaient les matchs que parce qu'il les commentait ! Lorsqu'il fut viré en Mai 68, RTL l'engagea immédiatement et Roger continua ses commentaires, transformant le transistor en télévision. Un jour, il eut même ces mots : « Ici Roger Couderc, en direct du stade de Colombes pour le match France-Angleterre comptant pour le Tournoi des Cinq Nations. En première mi-temps, l'équipe de France, en bleu, jouera à droite du transistor. » C'était un débonnaire, adulé du public comme des joueurs. Vous imaginez le bonheur qui aurait été le sien de pouvoir participer à la Coupe du monde qui vient

Fin 1964. J'ai vingt-deux ans.
Je suis à la fois troufion dans l'armée de l'air et stagiaire à l'ORTF.
Sous mon sourire trompeur se cache une immense inquiétude.

Photos: © M. Ruhaut/*Télé Magazine*

Janvier 1965, 20 h 30. Le grand soir de mes débuts à l'antenne.
Mes maîtres Léon Zitrone (à droite sur la photo) et Roger Couderc (à gauche) tentent de calmer ma panique.

20 h 45, fin de « Sport Dimanche ». Mon calvaire s'achève.
Quarante-trois ans plus tard, on m'en parle encore !

Ma première productrice, pionnière impitoyable, snob et chic, Michèle Arnaud.

1966. Mon baptême du feu comme animateur de variétés en direct. Le costume est vert pomme, la chemise rose et la cravate à fleurs !…

Sur le plateau de « Sport Dimanche » avec Thierry Roland, qui m'emmènera pour la première fois au Parc des Princes.

L'équipe des Polymusclés intermittents en mai 1968. Debout, quatrième à partir de la gauche, le grand nageur des années 1960, Alain Gottvallès et, à l'extrémité, Georges Chelon. Accroupis, Adolphe Dhrey (grand reporter de l'époque), Claude Brasseur, Jean-Paul Belmondo et, à ma droite, le chanteur Romuald. Au cours de ce match organisé au profit des grévistes, Claude Brasseur me cassera le pied.

1974, « RTL c'est vous ». Je sillonne la France à bord de cette voiture avec mon complice Daniel Prévost… et la fameuse valise RTL.

Brel, 1966, *L'Homme de la Mancha*. Je n'oublierai jamais ses adieux à l'Olympia.

© INA

1966. Première télé de Michel Polnareff, il ressemble à Françoise Sagan. La France découvre un talent immense.

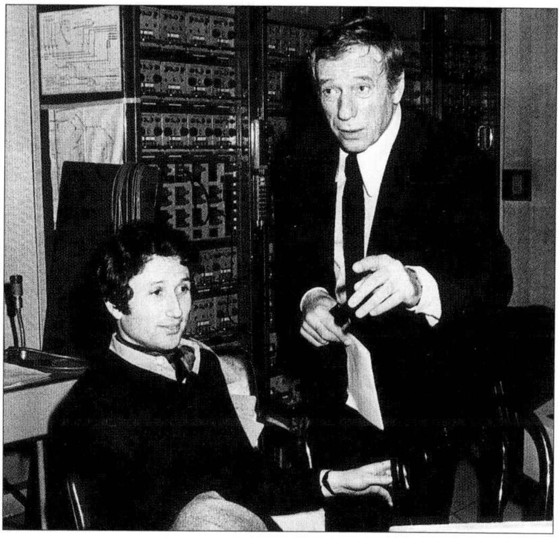

© M. Jeanneau/Sipa Press

1975. En régie, avant une émission. Les colères de Montand me faisaient peur, même sur mon répondeur.

1976, RTL. Chez Georges Brassens, avec Charles Trenet. Ils ont chanté pendant deux heures.

Brigitte Bardot.
Si belle !

© J.-C. Karsenti

© M. Ginies/Sipa Press

Noël 1976. Claude François m'a acheté mon premier smoking. Je lui ferai réaliser un exploit : venir dîner un soir à 20 h 30, une heure normale. Il ne se couchait jamais avant 4 heures du matin.

© M. Jeanneau/Sipa Press

Festival de Cannes 1976. Jane Fonda, irrésistible. Elle le sera encore trente ans plus tard, irradiant le plateau de « Vivement Dimanche ».

1976. Un de mes pires souvenirs. Elle ne voulait pas cautionner de sa présence la télévision de Giscard. Finalement, elle ne trouva pas l'émission « déshonorante ». Ouf ! Merci, Madame de Beauvoir…

… Et merci aussi Simone Signoret de vos remarques sévères au lendemain de certaines de mes émissions. Sur la droite, Charles Aznavour, mon voisin de Provence, l'ami de la famille.

1980. « Stars » au Pavillon Baltard. Romy et Jean-Claude, amis de toute une vie, aujourd'hui réunis.

« Rendez-vous du dimanche » avec François Truffaut – que je remercie d'avoir eu l'heureuse idée de titrer un de ses films *Vivement dimanche*.

Louis de Funès, lui qui appréhendait tellement la télévision. Le « Vivement Dimanche » qui lui rendit hommage fut un de nos records d'audience.

Avec Jean-Paul Belmondo, mon ami, mon complice de toujours.

Ce dimanche après-midi-là, Sophia Loren est tombée follement amoureuse d'un grand chanteur

Coluche, évidemment.
La nouvelle génération
des politiques l'a échappé
belle…

Bedos et Desproges,
deux grenades
dégoupillées.

Thierry Le Luron, si doué,
si féroce, si jeune…
Il nous manque tant.

Premier téléthon. Parrain :
Jerry Lewis (au centre).
Invité d'honneur :
Paul McCartney. Je crois rêver.

1983, « Champs-
Élysées ».
Isabelle Adjani
à la télévision.
Déjà
un événement.

La plus belle avenue du monde pour un générique de légende et une émission qui changea ma vie.

© L. Jacquinot/*France Soir*

© J.-B. Porée

1983. Première de « Champs-Élysées » avec un débutant : Jean-Jacques Goldman.

© A. Denize/Corbis

« Champs-Élysées », 1985. Lino Ventura savait aussi sourire. Ses pâtes étaient les meilleures du métier.

© M. Colin

Julio Iglesias, mon premier ami au-delà des frontières. Simplicité, humour, générosité.

© J.-J. Datchary/ABACA

J'ai failli donner à mon livre le titre d'une des chansons de Jean Ferrat : *Nul ne guérit de son enfance*. Il m'a toujours réservé ses rares apparitions à la télévision.

© *Une chance sur deux*, film C. Fechner. Photo : P. Camboulive

Une des seules photos de Jean-Paul et Alain réunis. Ils ont fait la course en tête pendant quarante ans. Les Français les aiment pour toujours.

Céline Dion a débuté à quinze ans
sur le plateau de « Champs-Élysées ».
Elle ne l'a jamais oublié – moi non plus.

© G. Schachmes

Gérard Depardieu et Laurent Gerra,
le plus doué des imitateurs. Avec Virginie
Lemoine, il a fait rire la France entière
sur le plateau de « Studio Gabriel »
chaque soir pendant quatre ans.

© E. Robert/VIP Production/Corbis

L'abbé Pierre et sœur
Emmanuelle sur le plateau
de « Vivement Dimanche ».
Leur seule apparition
ensemble à la télévision.

© J.-J. Datchary/ABACA

© J.-J. Datchary/ABACA

Paris, 1999. Zinedine Zidane
est champion du monde
et deviendra très vite
la personnalité préférée
des Français.

Pendant sept ans, Philippe Geluck et son chat ont réussi à être chaque semaine spirituels, imaginatifs et inspirés. Il était temps que Jean-Pierre Coffe entre dans ma vie pour m'apprendre enfin le goût des bonnes choses…

Aussi irrésistible que modeste, Nicolas Canteloup, la révélation de ces dernières années. C'est en le rencontrant sur mon plateau que Jean-Pierre Elkabbach l'a engagé sur *Europe 1*.

2005, « Vivement Dimanche ». Une des dernières apparitions télévisées de Philippe Noiret, aux côtés de Bruno Putzulu (à gauche), Michel Boujenah et Pascal Elbé (à droite).

« Champs-Élysées » à Toulouse. Michel Serrault rend hommage au tour de France. Quelques minutes après cette photo, il se fera masser par une contractuelle sur la table à pétrir d'un boulanger !

1993, chevalier de la Légion d'honneur
avec François Mitterrand;
2004, officier avec Jacques Chirac.
Deux spécialistes de mon obsession:
durer.

Les femmes de ma vie
à l'Élysée.
De gauche à droite, Marie
et Léa, Dany et Stéfanie.

© G. Gaffiot/Visual Press Agency

2007. Dernières semaines à l'Élysée. Scott, Olga et Sumo sont émus.

Avec Bernadette Chirac. Deux « Vivement Dimanche ». Deux records d'audience.

© J.-J. Datchary/ABACA

© J.-J. Datchary/ABACA

Deux autres « Vivement Dimanche ». Ségolène Royal avance à son rythme. Nicolas Sarkozy pense déjà au maillot jaune.

© E. Scorcelletti/Gamma

Françoise Coquet, ma coproductrice depuis toujours, ma jumelle, ma sœur.

Dany,
la femme
de mon cœur,
la chance
de ma vie.

d'avoir lieu en France ? Il fut également un éblouissant commentateur de catch, sport si populaire à la télévision de l'époque. Durant de longues années, il me fera le cadeau de me laisser commenter les levers de rideau, pendant qu'il se concentrait sur les matchs vedettes, dont le clou était traditionnellement l'Ange blanc contre le Bourreau de Béthune. Détail amusant, dans les années 1975, j'ai retrouvé l'Ange blanc, de son vrai nom Zina de Zarzeski. Il était devenu... le chauffeur et garde du corps d'Alain Delon.

Je ne peux évoquer tous ces grands aînés, de « Sport dimanche » à « Cinq colonnes à la une », sans revenir sur le premier qui me reçut dans son bureau : Pierre Sabbagh. J'ai évoqué précédemment trop brièvement ce pionnier, ce créateur du journal télévisé, ce producteur de jeux, un des parrains de la télé. Cet inventif fumeur de pipe, d'origine égyptienne, fut aussi le mari de la première femme star de la télévision : Catherine Langeais. Un duo légendaire, comme celui formé par Georges de Caunes et Jacqueline Joubert.

Pierre Sabbagh a traversé le temps en souriant et en dissimulant son drame, la maladie de Catherine Langeais, très tôt frappée par la sclérose en plaques. Elle a fait toute sa carrière à l'antenne sans jamais rien trahir ni se plaindre. Quand je me promène aujourd'hui rue Cognacq-Jay, je vois surgir les ombres de tous ceux que j'ai aimés et avec qui j'ai cheminé pendant tant d'années. Je pense à Jacqueline Huet dont la beauté illumina pendant vingt-cinq ans le petit écran. Elle nous faisait tous rêver, nous, les jeunes reporters qui la considérions trop grande, trop belle, inaccessible. Pour la séduire, il aurait fallu mesurer au moins un mètre quatre-vingt-dix, et c'était le cas de François Janin, talentueux confrère du Service des sports. La belle Jacqueline eut une fin tragique. Son dernier bonheur aura été Théo Sarapo, le dernier amour d'Édith Piaf. Il est mort sous mes yeux à l'hôpital de Limoges où j'animais un jeu estival, des suites d'un accident de voiture. Jacqueline Huet était à l'antenne ce jour-là, et c'est à moi que revint la très lourde tâche de lui annoncer au téléphone la disparition tragique de Théo afin qu'elle ne l'apprenne pas par le journal télévisé.

Pourquoi ces flash-backs ? Pour souligner une évidence : on ne fait pas carrière sans les autres. Chaque professionnel du show-biz, des médias ou des affaires a eu ses rencontres, ses carrefours, ses occasions à saisir. Toutes les personnalités rencontrées à mes débuts ont eu l'extrême gentillesse de me laisser les approcher dans cette télévision des années 1960, leur bienveillance étant déjà une chance formidable. J'ajoute que chacun de ces maîtres a été avant tout un artisan, fabriquant son instrument avec sa propre méthode. Nous, nous étions leurs enfants, des trieurs de dépêches, apprentis journalistes au sens large du terme, passant de l'info générale au fait divers, du sport à l'actualité internationale avec comme seuls outils un stylo, une machine à écrire et un bon vieux téléphone relié à la régie. Tout était plus lent, plus lourd... et plus calme. Tout était plus gai aussi, presque insouciant. Nous étions payés des clopinettes. Employés d'un service public qui n'avait pas de comptes à rendre aux marchands de lessive. À l'exception des journalistes politiques, nous étions libres, comme ceux qui aujourd'hui débutent sur les chaînes du câble ou du satellite, là où les sondages n'ont pas encore posé leurs griffes, là où tout est encore possible. Demain est une feuille blanche, tout reste à écrire, à inventer.

Un jour, mais cela sera l'objet d'un autre livre, j'aimerais pouvoir tracer le portrait de tous les autres gens célèbres qui ont fait mon quotidien depuis tant d'années. Aujourd'hui je voudrais seulement évoquer ceux qui m'ont le plus marqué, des artistes, des sportifs de haut niveau, des équilibristes qui paient comptant, sans prothèse, et dont les exploits ne doivent rien au play-back. Il y a autant de gens décevants et passionnants dans le monde des célébrités que chez les anonymes. Les fausses valeurs, les imposteurs existent partout, mais je dois à la vérité de dire que durant les vingt premières années de ma carrière j'ai été sous le charme des stars. J'avais l'impression en les voyant venir vers moi d'être touché par les radiations de leur célébrité, de grappiller quelques parcelles de gloire en leur déroulant le tapis rouge. J'ai mis du temps à ouvrir les yeux.

Mais peu à peu la vérité finit toujours par s'imposer. Chaque été, à l'heure où les lumières de mes plateaux s'éteignaient pour deux mois, le téléphone aussi cessait de sonner. Étrangement, il sonnait de nouveau à la rentrée des classes, pour l'heure de la promo. Mon métier était donc un échange de bons procédés.

Ne comptez pas sur moi pour mettre des noms sur quelques déceptions. Je ne voudrais pas ôter leurs illusions à des millions de gens qui ont le droit de rêver en pensant qu'une idole est un modèle. Je voudrais juste dire que le talent n'excuse pas tout, et que dans « monstres sacrés », il y a « monstres ».

En revanche, je me risque volontiers à citer quelques noms dont la célébrité et le succès sont planétaires, et qui se sont révélés au fil des années tout simplement... des gens bien.

Céline Dion et Julio Iglesias en font partie. Ils m'ont trouvé sur leur route à un moment crucial de leur carrière : leurs débuts. Céline avait seize ans à peine quand « Champs-Élysées » lui a ouvert ses portes en grand, voilà déjà vingt-cinq ans. Elle et son pygmalion, René Angélil, ne l'ont jamais oublié. Aujourd'hui, avec plus de deux cents millions de disques vendus, et bien que la France ne représente pour eux qu'un timbre-poste sur le marché international, à chacun de leurs voyages à Paris, ils me consacrent toujours une journée dans leur plan médias, même si le sponsor de leurs spectacles est... TF1 alors que j'officie sur France 2. Lorsque la seule biographie autorisée de Céline Dion est sortie dans le monde entier, traduite en plusieurs langues, René et Céline ont exigé que dans le cahier photo figurent deux souvenirs d'elle et moi nous promenant bras dessus bras dessous dans Paris un soir de février 1986. Céline est une reine... Demandez à mes amis techniciens ce qu'ils en pensent.

Quant à Julio, je le connais depuis une trentaine d'années, peu de temps après qu'il eut frôlé la mort dans un accident de voiture à Madrid. Sans une détermination hors norme il serait resté paraplégique. Avec quelques confrères et producteurs, comme Monique Lemarcis, directrice de la programmation de RTL, nous avons tout de suite aimé ce *latin lover* à la voix de velours qui allait vendre deux cent cinquante millions d'albums et devenir une des plus grandes fortunes du show business. Julio n'a rien oublié. Et comme il le chante encore, en français, « il n'a pas changé ». Pas une visite en France sans qu'il m'invite à dîner. Pas un Noël sans son coup de fil pour saluer la famille. Je me souviendrai toujours de ces vacances passées, Dany et moi, en Floride, chez lui, avec sa famille, voilà une dizaine d'années. Je le vois encore nous raccompagner à l'aéroport, poussant lui-même le chariot à bagages jusqu'à l'enregistrement devant des centaines de fans stupéfaits. Julio est un gentleman dont l'élégance du cœur m'émeut toujours. Réduire à ces deux seules stars mondiales la liste des gens bien de ce métier serait évidemment tout à fait injuste, mais elles incarnent deux exceptions pour lesquelles la gratitude et la simplicité ne sont pas de vains mots.

J'en admire beaucoup d'autres, heureusement, de « belles personnes », comme disent les Québecois. Sans désir d'exhaustivité, je pense aux grands anciens qui ont toujours gardé un œil bienveillant sur ma carrière. Charles Aznavour, évidemment, mon voisin de Provence, un de mes maîtres qui, parti de loin, est devenu l'un des artistes français les plus respectés au monde. Certaines de ses chansons me bouleversent comme au premier jour. Serge Lama aussi me bouleverse. Comme Julio, il est resté très longtemps allongé sur un lit d'hôpital, le corps disloqué, après un très grave accident. À l'époque, les chanteurs à succès faisaient deux cents galas par an et très peu ont échappé au drame de la route, sillonnant la France de part en part, chantant le lundi à Perpignan, le mardi à Dunkerque. Serge est un grand chanteur populaire qui, derrière son rire tonitruant, cache une fêlure de toujours. Au cœur de son regard si profond, je lis une tristesse qui me rappelle qu'« il n'a pas eu de ballon rouge quand il était gosse dans [son] quartier », une des plus belles chansons de ses débuts. Nana Mouskouri aussi, qui chante en cinq langues depuis quarante ans. Elle a beau avoir vendu près de trois cents millions d'albums, sa modestie est restée la même. Ou encore Roger Hanin qui, au cours des dernières années, m'est devenu comme un grand frère, très proche. Les disparitions de son épouse, la productrice Christine Gouze-Rénal, et de mon frère n'y sont pas étrangères. De son salon, Roger aperçoit et veille la tombe de Jean au cimetière de Passy.

Et puis Jean-Paul Belmondo et Alain Delon, bien entendu. Je les associe toujours comme un tandem qui m'accompagne depuis 1964. Durant toute leur vie d'acteurs, ils ont fait la course en tête et sont dans le cœur des Français pour toujours. Jean-Paul, admirable de courage, que depuis son accident cardio-vasculaire je n'ai jamais entendu se plaindre. Lui, Pierrot le Fou, l'Homme de Rio, le Magnifique, le jeune premier d'*À bout de souffle*, le flic de *Peur sur la ville*, qui à soixante-quatorze ans affronte avec le sourire le regard de ses fans comme s'il venait de quitter un plateau d'Henri Verneuil.

Delon, c'est autre chose. Capable de silences assourdissants, il surgit un matin d'on ne sait où, par le biais d'un texto, parce qu'il a appris que vous affrontiez une difficulté. Alain qui, toute sa vie, restera le Samouraï de Melville, caractère de cochon au cœur tendre, d'une fidélité à toute épreuve. Une de mes grandes fiertés a été de les réunir tous les deux, Alain et Jean-Paul, lors de la sortie d'*Une chance sur deux*, le film de Patrice Leconte. Des retrouvailles qu'on n'avait pas vues depuis leur duo dans *Borsalino*, trente ans plus tôt.

Et comment ne pas essayer de trouver les mots justes pour vous parler de mon ami Jean Ferrat ? Je l'ai connu il y a quarante ans, bouleversé par *Nuit et Brouillard*, *Potemkine*, *La Montagne*, *Aimer à perdre la raison*... En pleine jeunesse, il s'est retiré au fin fond de l'Ardèche et n'en est jamais revenu, même s'il a toujours l'oreille aussi vive et l'indignation vigoureuse. L'avenir de la gauche l'inquiète plus que jamais. Avec son ami et producteur Gérard Meys, ils restent les derniers des Mohicans d'une industrie du disque de plus en plus vouée à exploiter les gamins de la « Star Ac' » plutôt qu'à accompagner sur la durée les auteurs-compositeurs. Comme je regrette que toute une génération de Français n'ait jamais pu voir et entendre Jean Ferrat sur scène !

Je ne peux pas ne pas citer Bedos, mon vieux complice. Guy, qui derrière son humour féroce cache lui aussi une douleur venue de l'enfance. Un chef de tribu, attentif, sensible, tendre, dont la vie a été jalonnée de drames. Guy qui nous fait rire pour ne pas pleurer. Il était l'humoriste préféré de ma mère. Elle adorait le voir à mes côtés, tailler en pièces les politiques. Une seule fois elle a ri jaune, quand sur le plateau de « Stars 90 » il m'a demandé si j'avais « niqué » Madonna. Je ne peux pas non plus ne pas évoquer tous ceux qui m'ont fait progresser, qui m'ont fait confiance malgré ma jeunesse et mon inexpérience. Romy Schneider, écorchée vive et morte de chagrin. Jean Poiret, anxieux jusqu'à la dépression, et qui malgré l'extraordinaire performance du protagoniste de *La Cage aux folles* vivait miné par le doute. Coluche, si seul et si malheureux à la fin de sa vie qu'il restera toujours pour moi ce petit Italien fils d'une marchande de fleurs, venant glisser subrepticement sous la porte de sa maman une enveloppe de billets. Tchao Coluche. Tristement, une grande partie des artistes qui ont honoré mes émissions ne sont plus là. La plupart sont morts jeunes, de Coluche à Le Luron, de Desproges à Dassin, de Cloclo à Dewaere, sans oublier plus près de nous Jacques Villeret. On a beau répéter bêtement l'adage : *the show must go on*, il continue sans eux, et ils ne seront jamais remplacés. L'année 2007 en a vu partir beaucoup.

La mort de Michel Serrault, après celles de Philippe Noiret, Jean-Pierre Cassel, Jean-Claude Brialy, et tout récemment Jacques Martin, c'est aussi la fin d'une époque. Tous ces artistes dont la carrière débuta dans les années 1960 avaient des dons exceptionnels. La plupart avaient fait leurs armes dans les cabarets, en duo le plus souvent. Associé à Jean-Pierre Darras, Philippe Noiret écuma les petites scènes, tout en présentant le célèbre « Discorama » de Denise Glaser. Jean Yanne et Jacques Martin eurent le même parcours. Sans oublier Roger Pierre et Jean-Marc Thibault. Mais les duettistes les plus extraordinaires furent sans doute Jean Poiret et Michel Serrault. Les deux compères enchaînaient parfois deux cabarets différents après avoir tourné une comédie dans la journée. Évoquer Michel Serrault, c'est pour moi retrouver des moments de télévision vertigineux. Quand je l'ai connu, il y a trente-cinq ans – par l'intermédiaire de Dany qui avait tourné avec lui et avec Jean Poiret –, j'ai tout de suite ressenti de l'empathie. Au fil des années, nous sommes devenus complices et à chacune de nos rencontres il plaçait la barre... un peu plus haut. Comment oublier ce « Champs-Élysées » consacré aux héros du feuilleton *Dallas* ? En pleine répétition, Michel était venu m'expliquer qu'il n'avait rien à se mettre pour l'émission, le lendemain en direct. Avec la complicité des cameramen, il me demanda durant l'ultime répétition de me déshabiller et d'enfiler son vieux smoking. Bien entendu, les caméras tournaient et la séquence fut diffusée... Elle s'achevait par une promesse de sa part de nous rejoindre en direct le lendemain seulement s'il trouvait d'ici là un smoking décent. Le jour J, une demi-heure après la diffusion de la séquence (où j'étais ridicule...), Michel a fait irruption sur le plateau. En sumo, à demi nu, un nœud papillon sur le crâne. Pour me parler de *L'Avare*, la pièce qu'il allait jouer avec Annie Girardot ! Sur un plateau de télévision, Michel était une véritable grenade dégoupillée. J'avais pour lui infiniment d'estime et de tendresse. Je savais que le clown de génie cachait un homme blessé qui ne s'était jamais remis de la mort de sa fille, tuée en pleine nuit par des voyous en cavale alors qu'il répétait *La Cage aux folles*. Il en reprit pourtant les répétitions quelques jours après le drame. La mort de son ami Jean Poiret l'avait aussi profondément affecté.

Avec Serrault s'est éteint un immense artiste capable de tout, et de tout jouer. Passer de *La Cage aux folles* à *Garde à vue*, d'*Une hirondelle a fait le printemps* à *Gaston Dominici* n'est pas à la portée du premier acteur venu. Il a eu un parcours incroyable : comment imaginer que l'ancien séminariste qui tourna tant de comédies loufoques aurait un jour pour partenaires Romy Schneider, Isabelle Adjani, Emmanuelle Béart ou Charlotte Rampling ? Comme Le Luron, Bedos, Coluche, Poiret, Desproges, Serrault m'a fait avancer dans mon métier. Il m'a appris le sang-froid, le sens de la dérision et de l'« impro », l'humilité.

Philippe Noiret, lui, m'intimidait. Il n'aimait pas la télé, il exécrait le « service après-vente ». Quand il acceptait une émission, il fallait ne jamais être pris en défaut d'incompétence. Avec mes fidèles assistants Éric Barbette et Grégoire

Jeanmonod, nous préparions un « spécial Noiret » comme un examen. Il était trop lucide, trop exigeant pour être abusé. Il aimait à rappeler que son copain Jean Rochefort et lui n'auraient jamais imaginé qu'avec leurs « têtes de fromage blanc », au temps où ils jouaient à la fameuse Comédie de l'Ouest, on pourrait un jour leur confier des rôles de séducteurs.

Jean-Claude Brialy et Jean-Pierre Cassel, disparus cette année, firent eux aussi des carrières prodigieuses. Cassel, acteur de Jean Renoir, fiancé de l'irrésistible Françoise Dorléac... Si Jean-Pierre avait été américain, Fred Astaire aurait trouvé en lui un frère, c'était un danseur hors pair. Jean-Claude Brialy, héros de la Nouvelle Vague, copain de Delon dès les années 1960, savait tout faire, et connut le monde entier. Tête d'affiche au théâtre, au cinéma, à la radio, il fut l'élégant maître de cérémonie des shows de Maritie et Gilbert Carpentier. Mais Jean-Claude, mon voisin de Provence, aimait aussi recevoir et raconter. Tous les grands du monde des affaires, de la politique, de la presse ont apprécié l'avoir à leur table. Avec Jean-Claude, une soirée à Brégançon, à l'Élysée ou à Ramatuelle, c'était la certitude d'un feu d'artifice de bons mots et de souvenirs savoureux. Fils de militaire, il était cultivé et raffiné, à dix-sept ans il rêvait de rencontrer Danielle Darrieux et Jeanne Moreau. Généreux, il sut rester aux côtés d'Arletty, de Romy Schneider, de Jacques Chazot quand ceux-ci finirent leur vie seuls. Son château de Monthion a été la dernière demeure de tous ces grands artistes. Je me souviens de l'ultime déjeuner chez lui, à Eygalières, l'été 2006, avec Charles Aznavour, Nana Mouskouri et Jean-Marc Thibault. Avec gaieté et brio, il donna le change quand la mort le guettait déjà. Nul ne fut informé de sa maladie. Comme Philippe Noiret, il est parti avec l'élégance de la discrétion.

Heureusement, certains copains de mes débuts sont toujours là. Adamo, Polnareff, Michel Jonasz, Jean-Jacques Debout et Chantal Goya, Dave, Michel Delpech, Christophe, Hervé Vilard, Mireille Mathieu, Michèle Torr... Avec une mention spéciale pour deux petits frères, Alain Souchon et Laurent Voulzy. Nous avons pour eux, Françoise Coquet et moi, une tendresse immense et une admiration sans borne. Plus tard, Patrick Bruel les a rejoints. Et tout récemment, Vincent Delerm, Bénabar, Zazie...

Elle venait de si loin

En 1975, le monde entier fut bouleversé par les événements du Cambodge. Sous le régime de Pol Pot, les Khmers rouges massacrèrent au moins deux millions de Cambodgiens en quatre ans. Chaque soir au journal télévisé nous parvenaient des images effrayantes de cette région du monde et des camps de Thaïlande où des dizaines de milliers de malheureux affluaient dans un dénuement absolu. Jacques Chirac, alors Premier ministre, avait demandé aux Français de faire preuve de générosité et d'essayer d'accueillir dans la mesure du possible des rescapés du génocide cambodgien. La famille Chirac donna elle-même l'exemple. C'est dans ce contexte que ma femme envisagea de recueillir chez nous une petite Cambodgienne, puisque nous en avions les moyens. Je commençais à bien gagner ma vie, nous venions de nous installer dans un grand appartement dont j'étais fier. Enfin je ne vivais plus aux crochets de Dany. Après de longues démarches entreprises auprès de la Croix-Rouge et de la Direction des affaires sanitaires et sociales d'Ivry, au début de l'année 1979, une jeune fille de seize ans est entrée dans notre vie : Yleng.

Je me souviendrai toujours de son regard qui avait vu l'enfer. Peu à peu, Yleng nous a confié son cauchemar, sa fuite à travers les forêts très denses du Cambodge avant d'atteindre la Thaïlande et d'y passer trois ans dans un camp. Elle avait laissé là-bas ses parents, elle y avait vu mourir sous ses yeux sa tante, exécutée pour avoir dérobé un œuf. Sa vie racontait le martyre de tout un peuple torturé et décimé par Pol Pot. Pendant cinq ans, nous avons été sa famille d'accueil. Stéfanie, qui avait alors quatorze ans, est devenue sa « petite sœur ». Chaque été, Dany l'a envoyée dans une famille anglaise pour qu'elle y apprenne aussi la langue. Mais le plus important, c'est qu'Yleng a pu apprendre un métier, en s'inscrivant à la chambre syndicale de la Haute Couture comme styliste-modéliste. En 1983, j'ai demandé à Pierre Cardin s'il accepterait de la prendre dans son équipe.

Plus de vingt-cinq ans se sont écoulés depuis qu'Yleng est entrée dans notre vie. Elle est devenue française, a épousé un brillant informaticien, et donné naissance à trois garçons : Kolrothanak, vingt et un ans, Caveil, dix-sept ans, et Chinda-Mani, sept ans. Elle est aujourd'hui l'une des principales collaboratrices de Pierre Cardin. Je ne remercierai jamais assez le grand couturier de lui avoir fait confiance.

La jeune Cambodgienne des camps de Thaïlande participe aujourd'hui à la création et à la confection de robes de reine et elle habille les femmes les plus élégantes de la planète. Elle a pu acheter sa maison dans la grande banlieue parisienne et nous considère comme ses « parents français ».

Au moment où Nuon Chea, l'ancien bras droit de Pol Pot, ex-numéro deux des Khmers rouges, vient d'être arrêté et inculpé pour crimes contre l'humanité, je me souviens de la petite Yleng, parlant à peine français, sur le pas de notre porte.

Quand vient l'été, elle passe quelques jours avec nous en Provence. En voyant cette famille heureuse, à l'abri, j'imagine aussi toutes celles qui, frappées par la guerre, continuent à vivre et à mourir dans des camps de réfugiés.

Deux invités pas comme les autres

Comme je l'ai souvent dit, il y a eu un avant et un après « Champs-Élysées », un avant et un après « Studio Gabriel ». Mais il y aura aussi un avant et un après « Vivement dimanche ». Depuis près de dix ans, Françoise Coquet et moi aurons reçu plus de trois cents invités, certains à deux reprises. Et pour la première fois, dans un contexte particulier, des politiques. Quand sonnera l'heure du bilan, deux invités se détacheront de tous les autres. À la lumière de ce que nous avons vécu depuis plus d'un an, ce duo révèle pour moi la puissance à laquelle est parvenue la télévision en matière de médiatisation politique.

Nicolas Sarkozy et Ségolène Royal sont les deux phénomènes médiatiques de ces dernières années. Jamais dans l'histoire de la Ve République deux candidats à l'élection présidentielle n'auront été à ce point exposés, et pas uniquement à la télévision.

Je les ai reçus chacun deux fois, à quatre ans d'intervalle. Avec mon complice Jean-François

Kervéan, nous avons choisi de revisionner ces six heures d'émissions.

Commençons par celui qui est aujourd'hui notre président. Après les élections de 1995 et la débâcle aux élections européennes, il est au fond du gouffre, sa traversée du désert commence. Il disparaît de la scène politique, retourne à son métier d'avocat, écrit. Mais refusant le K.-O., tel un boxeur sonné, il se relève pour reprendre peu à peu le combat. C'est à ce moment-là – Sarkozy a quarante-deux ans – que je le rencontre avec Cécilia un soir chez mon frère Jean dont il est le voisin, rue Pierre-Charron. À l'heure du café, sur les conseils de Jean, je lui propose de participer à « Vivement dimanche ». Il accepte avec joie, tout en m'avouant avec humour : « Je ne suis pas certain d'être pour toi un bon générateur d'Audimat, ma cote de popularité est loin d'être au zénith. »

Nous allons préparer minutieusement ce rendez-vous qui aura, il me l'a dit, une importance que je ne soupçonne pas. Nous sommes à un an et demi de l'élection présidentielle de 2002 et à six de celle qui le verra triompher... autant dire une éternité. Pas un observateur ne miserait un kopeck sur l'ex-ministre d'Édouard Balladur. Personne, sauf lui. Cette émission est un événement car, pour la première fois, ses parents apparaissent à la télévision avec ses deux frères, et surtout son épouse, Cécilia, qu'il a connue quatorze ans plus tôt. En revoyant attentivement cette émission, le choix de ses invités et des chansons qu'il aime entendre est révélateur. Des chansons populaires venues tout droit des hit-parades, dont les mélodies sont dans le cœur de la France profonde. Patricia Kaas interprète une chanson de Jean-Jacques Goldman *Une fille de l'Est*, manière de rappeler la Hongrie d'où il vient. Didier Barbelivien, son ami de toujours, survole pour nous les années de son adolescence. D'Hervé Vilard à Christophe, de Claude François au groupe Il était une fois, de Maxime Le Forestier à Michel Sardou, en le voyant fredonner ces tubes, on découvre que le maire de Neuilly connaît sa chanson française sur le bout des lèvres. Christian Clavier, qui tourne *Napoléon* à Budapest, lui envoie un message à la fois drôle et émouvant, Jean Reno, son voisin de Neuilly, est présent lui aussi, sans oublier Michel Leeb. Son « Vivement dimanche » s'achève avec un grand généticien, Arnold Munich, que Sarkozy a rencontré quelques années auparavant à l'hôpital Necker. On le retrouvera six ans plus tard... conseiller à l'Élysée. Cécilia, elle, fait une apparition discrète, sobre, expliquant qu'un homme politique ne peut pas réussir seul, qu'il a besoin d'un entourage affectif fort, surtout quand il est dans le creux d'une vague.

L'invité le plus surprenant de l'émission sera un intellectuel de gauche, patron à la télévision quelques années auparavant, Jean-Michel Gaillard. Un historien, qui fut conseiller de François Mitterrand lors de son premier septennat. Avec Nicolas Sarkozy, il a cosigné une biographie de Georges Mandel [1], qui va même être adaptée à la télévision par Jacques Goretta et le grand producteur Jacques Kirsner. Jacques Villeret y sera étourdissant dans le rôle de Georges Mandel. Jean-Michel Gaillard publie aussi un livre sur Léon Blum [2]. Blum, héros du Front populaire, à qui Sarkozy fera allusion six ans plus tard dans ses discours de campagne préparés par Henri Guaino. Bref, ce Nicolas Sarkozy dominical illustre déjà l'ouverture dont on parle tant depuis son élection. Jean-Michel Gaillard, décédé depuis, n'aurait sans doute pas été étonné de la composition du premier gouvernement Fillon... Il en aurait peut-être fait partie.

Dans le second volet de « Vivement dimanche », Pierre Bénichou, Bruno Masure, Philippe Geluck et surtout Gérard Miller ne ménagent pas Sarko, tout en lui prédisant un bel avenir. Selon Bénichou, il a une qualité commune avec François Mitterrand : la ténacité. L'émission réalisera un très bon Audimat. Sarkozy est apparu extrêmement sympathique, humain, près des gens. Serein dans l'épreuve. Cécilia aussi.

---

1. *Georges Mandel, le moine de la politique,* Grasset, Paris, 1994.
2. *Les Quarante jours de Léon Blum,* Perrin, Paris, 2001.

— Tu sais, voir mes parents et mes frères, c'était vraiment un scoop, me dit-il après l'enregistrement.

Ses deux frères nous ont expliqué pendant la préparation de l'émission l'énergie et l'ambition de Nicolas, flagrante dès l'adolescence. Être les frères de Sarkozy, ont-ils dit, n'est pas simple compte tenu de la dureté du combat politique et des embûches. Je suis, moi, très heureux d'avoir réussi le scoop de présenter au grand jour une famille farouchement discrète. Les parents, éblouis par le parcours de leur petit Nicolas, ne lui trouvent aucun défaut sinon ses colères d'adolescent... La presse appréciera l'émission tout en saluant la discrétion de Cécilia, qui n'est pas encore la proie des paparazzi.

Près de quatre ans plus tard, en décembre 2004, au lendemain de son triomphe du Bourget, c'est un tout autre Nicolas Sarkozy que je recevrai dans « Vivement dimanche ». Le candidat à la présidentielle, alors ministre de l'Intérieur, a remonté la pente. Comme un coureur cycliste surmontant sa défaillance, il a rattrapé ses concurrents et les a lâchés dans les derniers cols.

Oubliés l'épisode Balladur et les européennes... Huit ans après la première élection de Jacques Chirac, Nicolas Sarkozy est un homme neuf, ayant compris beaucoup de choses de la vie, et de la vie politique en particulier. En ce dimanche de décembre, force est de constater qu'il rayonne. Son épouse aussi s'est épanouie, beaucoup plus diserte que lors de la première émission. Principale collaboratrice de son mari, elle a acquis de l'expérience et choisit minutieusement la distribution des invités. Les amis fidèles, Christian Clavier et Jean Reno, sont à nouveau là, mais aussi Robbie Williams, star internationale rare à la télévision. Après avoir charmé en chansons la future première dame, il poussera l'humour jusqu'à demander à Sarkozy d'embrasser en son nom Jacques Chirac, pour qui il a beaucoup d'admiration. Et il repartira bras dessus bras dessous avec Cécilia. Revisionnant l'interview de ses parents, le tout nouveau président de l'UMP reconnaît son caractère anxieux, point commun de tous les fils d'immigrés. Contrairement au dire de sa mère qui aime à rappeler qu'enfant il n'avait peur de rien, le maire de Neuilly démentira en confiant qu'il a parfois peur, comme tout le monde. Peur physique, comme ce fut le cas lors de la prise d'otages à l'école maternelle de Neuilly. « Au fil des années, j'ai appris à me dominer, à m'endurcir. N'avoir peur de rien, c'est de l'inconscience. »

À la demande de Cécilia, arrière-petite-fille du compositeur espagnol Isaac Albenitz, nous écouterons une partition de trompette de son aïeul. Pour préparer ce deuxième rendez-vous, j'ai passé un week-end à La Baule à pédaler avec le couple. Randonnée qui a failli très mal se terminer, Cécilia Sarkozy heurtant ma roue arrière et tombant lourdement sur la bordure d'un trottoir, se relevant avec un énorme hématome à une hanche. Elle devra interrompre la promenade pour rentrer à l'hôtel.

On le sait maintenant, Nicolas Sarkozy a un rapport passionnel avec le sport, en particulier avec la course à pied et le vélo. La présence sur le plateau de Richard Virenque et de Laurent Jalabert lui permit de montrer une fois encore sa grande connaissance du milieu cycliste. À la « relecture » de ce long dimanche après-midi, ce qui frappe près de quatre ans plus tard, c'est que le programme du candidat, pourtant pas encore en campagne, est déjà là.

Le soir, dans la seconde partie de l'émission, interrogé par Jean-Pierre Elkabbach, il martèle tous les thèmes qui jalonneront sa campagne présidentielle, avec une clarté étonnante. L'encouragement au travail, aux résultats, la part du mérite, les droits et les devoirs, la France métissée, la fin des clivages droite gauche, l'envie irrépressible de changer la donne, de bouger les lignes, en un mot de changer la France. Visiblement, Sarko est prêt. Même la caricature qui autrefois le blessait, désormais il l'encaisse. À propos des « Guignols de l'info », il lâche : « C'est la vie, le lot de tous les personnages publics, la preuve d'une démocratie en bonne santé. Les bouffons aussi doivent faire leur métier. » Entre ces deux « Vivement dimanche », l'homme a visiblement pris du recul tout en passant à la vitesse supérieure. Il est toujours aussi impatient, mais son énergie s'est canalisée. En restant ministre de l'Intérieur tout en prenant la tête du plus grand parti de France, il assume son goût du pouvoir.

Point commun de ces deux émissions : sa manière de regarder sa femme dès qu'elle prend la parole. Regard profond d'un homme amoureux qui se dévoilera plus encore lors de la cérémonie d'investiture et de la garden-party du 14 Juillet. Jamais un président ne s'était abandonné de la sorte. De de Gaulle à Mitterrand, de Pompidou à Chirac, les couples présidentiels ont toujours gardé leurs distances en public. Lors des grandes cérémonies républicaines, Yvonne de Gaulle, Claude Pompidou, Anne-Aymone Giscard d'Estaing, Danielle Mitterrand et Bernadette Chirac se sont toujours effacées dans l'amidon du protocole. Mais le couple Sarkozy, comme celui que formaient Ségolène Royal et François Hollande, appartient à une autre génération, celle du tout médiatique, de la presse « people », du portable et d'Internet. Ce sont des enfants de la télé dont le naturel les fait souvent ressembler à leurs électeurs. À l'image de beaucoup de couples, ils ont leurs joies, leurs peines, leurs déceptions, leurs enthousiasmes, leurs doutes même si, ambition oblige, il leur faut s'efforcer de contrôler leurs émotions. Aujourd'hui, tout candidat à l'élection suprême est sous surveillance constante. Entre la presse « people » qui a explosé depuis une dizaine d'années, la multiplication des chaînes de télévision, la sophistication du matériel de prise de vue et de prise de son, l'omniprésence indiscrète du Web et des portables devenus appareils photo voire caméras miniatures, celui ou celle qui a choisi la lumière est comme un poisson rouge dans un bocal. Observé sous tous les angles (souvent pas le bon), scruté par les objectifs, le zoom des caméras, le micro baladeur sournois, les stars de la politique sont comme celles du show business, à la merci d'un dérapage fatal. Bill Clinton m'a dit un jour : « Lorsqu'un chef d'État dit une connerie, compte tenu de la médiatisation, il a une demi-heure pour la corriger, après c'est foutu ».

Quant à Ségolène Royal, quasiment inconnue en 2005, une fois vainqueur des primaires du PS, elle aura droit au même traitement que son adversaire. Le machisme est un sport brutal. Au cours de cette très longue campagne, je me suis souvent demandé comment cette femme a réussi à garder quoi qu'il arrive son sourire et son teint de pêche. Jamais je ne l'ai vue fatiguée ni trahir un signe de lassitude devant les caméras et les micros, qui ne l'ont pas lâchée pendant près d'un an. Il aura fallu ce fameux débat télévisé entre les deux tours, devant les caméras de Jérôme Revon, pour qu'elle perde son sang-froid face à un Sarkozy savamment en retrait. On peut d'ailleurs se demander comment Georges Pompidou, Valéry Giscard d'Estaing, François Mitterrand ou Jacques Chirac auraient résisté à un tel déferlement médiatique, eux dont le style était fait de retenue et de prudence, traits de caractère des grands commis de l'État. Pour moi, la dernière campagne présidentielle s'est entièrement jouée sur le petit écran. Encore une fois, les deux finalistes de ce super-match sont des enfants de la télé ; ils ont grandi avec, la connaissent, leurs propres enfants la regardent... Et ils veulent s'en servir aussi bien que des professionnels.

Devant ces deux stars de la politique, j'ai été surpris par la connaissance qu'ils avaient, eux et jadis leurs conseillers, de mon métier. Sarko et Ségo, comme Johnny et Sylvie, savent ce qu'ils valent au box-office. Le casting de leurs émissions a été sélectionné en fonction des cibles précises qu'ils voulaient toucher, comme les publicitaires. Pour leur face-à-face entre les deux tours, rien ne leur a échappé, de la lumière de Jean-Bernard Favero-Longo au choix du réalisateur Jérôme Revon. La télégénie de Ségolène Royal, son incontestable séduction, son sourire désarmant auront été unanimement reconnus par les observateurs de droite comme de gauche. Sarko, quant à lui, à l'inverse de ses prédécesseurs, aura fait preuve d'un naturel aussi affable que stratégique. Avocat de formation, ayant le sens de la formule, incollable sur ses dossiers, il n'a jamais été mis en difficulté à la télévision au cours de ces dernières années. Depuis son élection, toutes ses apparitions télévisées font mouche, que ce soit à Bruxelles, sur le perron de l'Élysée le 14 Juillet, sur les pentes du Tour de France ou plus récemment à l'ONU. Autant François Mitterrand et Jacques Chirac ont eu du mal à dompter l'instrument télévisuel, autant la génération Sarko-Ségo prouve combien il est désormais vital de savoir manier ce moyen de communication aux multiples tranchants. François Mitterrand a bâti toute sa carrière et sa stratégie politiques sur la notion du temps – on se souvient de son fameux « il faut donner du temps au temps ». À l'inverse Sarkozy aime à dire que le monde va trop vite pour jouer la montre. Pour lui, donner du temps au temps, c'est en perdre et s'enliser. D'où sa débauche d'énergie, cette impression d'homme pressé, oui, mais « pressé de réformer ». Ségolène Royal aussi a utilisé plusieurs formules fétiches dont : « On ne peut plus faire du surplace. » Par bien des aspects leurs discours se ressemblent. Tous deux ont eu à se battre seul contre tous. Et médiatiquement ils sont semblables : deux experts, deux solistes, deux champions. Depuis 1995, Sarkozy a su éviter tous les pièges tendus par sa propre famille politique. « Rien ne m'a été donné », répétera-t-il plusieurs fois sur la banquette rouge de mon plateau. Ségolène Royal a pu dire la même chose après sa victoire aux primaires, une victoire que les éléphants du PS ne lui ont jamais pardonnée ; sa campagne électorale a ressemblé à la solitude du coureur de fond, soutenue du bout des lèvres par un peloton qui lorgnait sa place... et dont elle ne voulait pas. La télévision, loupe impitoyable, nous a montré tout cela. Jour après jour, cette loupe télévisuelle ne laisse rien passer. Au bout d'un moment, sous la pression colossale de centaines de caméras, tout se voit. Les expressions de Chirac, la gestuelle de Villepin, la placidité de Bayrou, les moues de Fabius, les sourires ambigus de Strauss-Kahn en ont dit plus long durant toute cette campagne que bien des éditoriaux. Flinguant par des petites phrases assassines les candidats de leur propre famille, Ségolène Royal et Nicolas Sarkozy ont gardé la main froide pour sortir physiquement et mentalement indemnes de ce marathon infernal. La victoire brillante de l'un ne doit pas faire oublier que l'autre a rassemblé dix-sept millions de Français sur son nom.

J'ai appris à connaître Ségolène Royal à travers les deux « Vivement dimanche » que je lui ai consacrés. Le premier au printemps 2001, le second près de quatre ans plus tard. Y participèrent Francis Cabrel, Véronique Sanson, Bénabar, Youssou N'Dour, et sous forme d'hommage Mike Brant, l'idole de sa jeunesse vosgienne...

En visionnant ces deux émissions, on découvre à quel point son enfance, son éducation ont été déterminantes dans la conduite de sa vie. Dans ce premier « Vivement dimanche », cinq millions de téléspectateurs découvrent le parcours de cette charmante jeune femme dont le regard laisse percer une évidente détermination. L'enfance au cœur des Vosges, très encadrée par un père militaire, avant de découvrir le Sénégal, la Martinique, au hasard des affectations du capitaine Royal. Cette enfance au milieu de sept frères et sœurs lui a appris le partage, mot qui reviendra sans cesse au cours des émissions. Ses invités ont été soigneusement choisis. Daniel Prévost n'est pas venu pour nous faire rire, mais pour nous faire réfléchir et nous émouvoir. Son livre, *Le Passé sous silence*[1], raconte la découverte bouleversante de son véritable père, kabyle, qu'il croyait mort. Ségolène Royal, alors secrétaire d'État à la Famille et à l'Enfance, n'a pas choisi ce livre au hasard.

Trois ans et demi plus tard, pour la seconde émission, Ségolène Royal a gagné en assurance, en autorité. En 2001, Jacques Attali et Pierre Mauroy avaient rappelé son septennat passé à l'Élysée. Au côté de François Mitterrand, elle avait fait preuve d'une pugnacité exceptionnelle pour aller chercher le suffrage des électeurs des Deux-Sèvres. Ce

1. Daniel Prévost, *Le Passé sous silence*, Denoël, Paris, 1998.

premier succès électoral avait épaté le Président comme les observateurs, qui découvraient alors une combattante, acharnée sur le terrain, sans complexes. Auréolée de ce succès aux législatives, elle ira provoquer Jean-Pierre Raffarin dans son fief en raflant la présidence de la région Poitou-Charentes avec un score sans appel. C'est cette femme de cabinet devenue une vraie politique qui rayonne en 2004 sur le plateau de « Vivement dimanche ». Comme Sarkozy, son futur adversaire, elle s'exprime simplement, librement, jouant la transparence. Pour la première fois, François Hollande accepte de parler de sa compagne : elle ne lâche rien, dit-il. Il lui reconnaît une qualité essentielle : la ténacité. Exactement le mot qui, selon la famille Sarkozy, qualifie le mieux Nicolas.

Ce dimanche-là, juste avant le 20 heures, Jean-Pierre Elkabbach ne résiste pas à poser à mon invitée la question qui obsède toutes les têtes politiques :

— Vous voyez-vous un jour première femme présidente de la République ou... première dame de France ?

Le Point est sorti quelques jours plus tôt avec une couverture au titre choc « Royal-Hollande : le couple qui dérange ». La réponse de Ségolène Royal fuse, sans appel :

— Cette question est impudique à trois ans de la présidentielle. Mes préoccupations au jour d'aujourd'hui sont tout autres. Je suis à la tête d'une région passionnante. La famille, l'enfance, la protection sociale, le partage sont mes priorités concrètes.

Elkabbach ne fut pas convaincu, et l'avenir lui a donné raison. En revisionnant ces deux « Vivement dimanche », on retrouve aussi tous les accents qui reviendront dans les meetings de 2007. On comprend qu'en quelques mois elle va démoder les éléphants du PS en devenant l'égérie d'une gauche pleine d'espoir. Il y a chez la candidate de gauche, à la fois distante et chaleureuse, une modernité qu'on retrouve chez son adversaire de droite. On peut dire aujourd'hui que la gauche française aura eu un avant et un après Ségolène Royal. Quelles que soient les attaques dont elle a fait et fera encore l'objet de la part de sa propre famille politique, vingt ans après Simone Veil, elle est la femme politique la plus singulière de l'histoire de la Ve République. Elle n'a pas dit son dernier mot. Sans lire dans le marc de café, il n'est pas irréaliste de penser que Nicolas Sarkozy la retrouvera sur sa route... d'ici à cinq ans. D'ici là, j'espère lui consacrer un nouveau « Vivement dimanche ».

Cette campagne présidentielle a été une véritable révolution en termes de communication. Le rapport entre les politiques et le public ne sera plus jamais ce qu'il fut pendant des décennies – et l'on peut se demander si ce phénomène n'est pas typiquement français. Le tournant n'a-t-il pas eu lieu le jour des obsèques de François Mitterrand à Jarnac, où devant les télévisions du monde entier une famille recomposée comme il en existe des milliers accompagnait le patriarche jusqu'à sa dernière demeure ? Danielle Mitterrand, son épouse, leurs deux fils Jean-Christophe et Gilbert, Anne Pingeot et sa fille Mazarine, unis dans un même chagrin, devant un pays endeuillé, ont offert une image inconcevable dans les pays anglo-saxons, où le puritanisme pèse encore sur la vie politique.

Dans quelques années, lorsque nous reverrons ces images de la campagne, le couple libre Royal-Hollande avec leurs quatre enfants, la famille Sarkozy recomposée se jouant du protocole le jour de l'investiture, le Président essuyant une larme sur la joue de sa femme... toutes ces images vues par le monde entier seront devenues le signal d'une ère nouvelle où le naturel l'emporte sur le convenu.

Cette nouvelle façon de communiquer aura-t-elle des effets plus pervers qu'on ne l'imagine ? Une chose est certaine, la nouvelle génération d'hommes et de femmes aspirant au pouvoir, devenue experte en matière de communication, est en train de bouleverser la manière de faire de la politique en France.

Le service public : ma maison

Je voudrais tenter maintenant de vous expliquer pourquoi je suis si attaché à la télévision de service public. En quarante-trois ans de vie professionnelle, j'en ai passé trente-neuf à la télévision nationale. Et si les quatre années dans le privé ont été pour moi enrichissantes, elles me font aimer encore davantage, aujourd'hui, le groupe France Télévisions. Parlons clair : malgré ses nombreuses contraintes, ses pesanteurs, ses instabilités directoriales (j'ai connu près d'une vingtaine de patrons depuis 1964), malgré des relations complexes avec son État actionnaire, la télévision de service public reste la seule où l'on peut encore avoir de l'ambition. C'est-à-dire prendre des risques, montrer aux gens non seulement ce qu'ils aiment mais aussi ce qu'ils pourraient aimer, véhiculer une culture destinée à la fois aux élites et au plus grand nombre. Bien sûr, tous les patrons que j'ai rencontrés auraient voulu réaliser l'audience de la « Star Academy » en proposant les programmes d'Arte.

L'exercice n'est pas simple. Comment réunir un maximum de téléspectateurs sans singer le privé ? Le mode de financement du service public, nourri de la redevance mais faisant appel aussi à la publicité (plus de 40 % des recettes de France 2), oblige ses dirigeants à un grand écart permanent. Ajoutez à cela qu'ils doivent passer sous les fourches Caudines d'un État actionnaire à quatre branches. Si le président est nommé par le Conseil supérieur de l'audiovisuel (CSA), il n'en demeure pas moins que le ministère des Finances, celui de la Culture (ministère de tutelle), l'Hôtel Matignon et son Premier ministre, et enfin l'Élysée ont chacun leur mot à dire sur les options choisies par l'entreprise. Telle est l'équation particulièrement ardue que tous les capitaines du service public ont eu à résoudre au cours de ces dernières années. Faire rentrer la publicité, complément indispensable de la redevance, respecter sa mission tout en tirant les programmes vers le haut, sans racoler : l'exercice est réellement périlleux. Si tous les patrons que j'ai connus depuis que ce système existe ont su préserver la spécificité des grandes chaînes publiques, il faut reconnaître que rarement la culture n'a été aussi présente sur les antennes de France Télévisions. En se présentant devant le CSA, Patrick de Carolis, notre président, a clairement déclaré ce qu'il voulait faire et il fait ce qu'il a promis : priorité à la culture.

Rarement le fossé entre chaînes privées et publiques aura été si profond, contrairement à ce qu'on peut entendre ici et là. Ceux qui réclament une télévision de qualité tout en se plaignant qu'elle ne fasse jamais assez d'audience sont d'une mauvaise foi criante. Dans aucun pays au monde des magazines tels qu'« Envoyé spécial », « Thalassa », « Des racines et des ailes », « La France vue du ciel », pour ne citer que quelques exemples, ne sont diffusés en prime time. Rarement une émission à vocation culturelle comme celle de Frédéric Taddeï a été proposée quotidiennement et en direct avant et après le Soir 3. Et que dire de la chaîne du savoir, la Cinquième, qui, certains soirs, réalise des audiences supérieures à des concurrentes bien plus visibles ? Sur quelle autre chaîne m'aurait-on laissé prendre la succession de Jacques Martin et son « École des fans » pour programmer un talk-show de deux heures avec des invités aussi pointus que Bernard-Henry Lévy, Jean Daniel, Françoise Giroud, Yves Coppens ou Jean d'Ormesson ? Quand Jean-Pierre Cottet, alors patron de France 2, a tenté de me convaincre de remplacer l'institution que représentait « Dimanche Martin », dans la place depuis vingt-deux ans, personne n'aurait misé un kopeck sur nos chances de réussite. Après une saison de tâtonnements, Patrice Duhamel, patron de France 2, m'a laissé patiemment m'installer jusqu'au succès. J'ai aussi bénéficié du soutien permanent et inconditionnel d'un fidèle, Yves Bigot, qui dirigea longtemps le Service des jeux et divertissements de France 2 (il fait aujourd'hui les beaux jours de la chaîne publique belge). Peu à peu, des hommes politiques et des intellectuels sont venus s'insérer entre Céline Dion, Jean-Marie Bigard, Michel Sardou et Mimie Mathy. Ce mélange des genres, d'abord suspect, a fini par s'imposer parce qu'on m'a donné le temps. Dans le privé, une émission comme « Vivement dimanche » ne serait pas restée plus d'un mois à l'antenne. Il faut se souvenir que Laurent Ruquier et Thierry Ardisson n'ont tenu qu'une semaine sur TF1 avec leur quotidienne « Les niouzes », avant de venir faire les beaux jours de France 2. Le service public constitue aussi ce que *Télé 7 jours* appelait lors des derniers 7 d'or une « dream team ». La plupart des producteurs et des animateurs sont une marque à eux seuls. Leur éclectisme est évident. Je rêve un jour de prouver l'éventail du talent de mes confrères. J'imagine, à l'occasion d'un 1er avril par exemple, que les principaux représentants de la chaîne s'échangent leurs émissions. Vous serez alors surpris de voir combien les Patrick Sébastien, Pascal Sevran, Mireille Dumas, Laurent Ruquier, Guillaume Durand et Jean-Luc Delarue, Sophie Davant ou Daniela Lumbroso, sans parler des présentateurs de JT, ont de cordes à leur arc. Quant à la politique de fiction de la télévision publique, elle est une réussite établie, de Stendhal à Maupassant, de Balzac à Roger Martin du Gard. En sport, la couverture du Tour de France comme celle de Roland Garros ont valeur de référence pour les professionnels du monde entier. Je reste profondément attaché au service public parce qu'il est l'unique alternative à cette autre télévision qui ne peut s'adresser aux téléspectateurs qu'en termes de consommateurs. Les patrons des chaînes privées ont un impératif et un seul : faire rentrer la pub, gagner de l'argent. Cette télévision-là n'a aucun d'état d'âme, chaque soir, il faut faire la caisse. C'est sa fonction. Les concepts de la plupart de ses émissions de divertissement doivent être forts, peu importe qui les présente. Les hommes comptent moins que le concept. Les présentateurs de la télé-réalité sont parfaitement interchangeables. Le téléspectateur voyeur est là pour choisir, éliminer des gladiateurs à la gloire éphémère, qui eux seuls sont les vedettes du show. D'ailleurs, les poids lourds de la télévision privée ont souvent fondé leur carrière sur les chaînes publiques. À une époque où l'Audimat n'existait pas, ils se sont installés patiemment dans le cœur des gens. PPDA, Jean-Pierre Pernault, Claire Chazal, Jean-Pierre Foucault, Christophe Dechavanne : tous ont fait leurs armes dans le service public. S'ils revenaient aujourd'hui à France Télévisions, on pourrait presque dire qu'ils rentrent à la maison.

Quant aux « Enfants de la télé » , fleuron de TF1 depuis dix ans, beaucoup ont oublié qu'ils sont nés sur France 2, sous l'égide de Jean-Pierre Elkabbach. C'est Béatrice Esposito – hélas disparue –, alors directrice du divertissement, qui est à l'origine de cette émission culte, réalisée par Pascal Duchêne. Elle a été la rampe de lancement des ex-patrons d'Endemol France, Stéphane Courbit et Arthur.

Depuis plusieurs années, il est de bon ton de dire et d'écrire que le service public est en crise. Ses détracteurs qui, pour la plupart, n'ont jamais travaillé à la télévision, ne savent pas combien ce vaisseau colossal est délicat à piloter. Mais, au-delà de ces accès de fièvre, souvent liés aux aléas de la vie politique, ce bastion de la télévision des Français, qui le financent en grande partie, demeure pour moi la dernière digue contre une télévision purement marchande, au sens boursier du terme. Vous l'aurez deviné, je resterai jusqu'au bout de ma carrière un homme du service public. Je souhaite à beaucoup de jeunes animateurs de bénéficier un jour du confort qu'il m'apporte depuis tant d'années. Imaginons un pays sans télévision nationale. Qu'auriez-vous à l'antenne ?... Des séries américaines, de la télé-réalité et des jeux d'argent.

Les vertus que j'attribue à ma « maison » ne doivent pas m'empêcher d'évoquer avec honnêteté mon passage sur TF1. Pourquoi, une fois, ai-je franchi le Rubicon au début des années 1990 ? Pourquoi être allé quatre ans sur la première chaîne privée d'Europe ? C'est le président d'Antenne 2, Philippe Guillaume, qui fut à l'origine de ce « transfert » et du moment le plus pénible de ma carrière. La scène se passe en 1990, chez moi, en tête à tête. Nous sommes au mois de mai et je pense que le renouvellement du contrat qui me lie à la chaîne pour produire et présenter « Champs-Élysées » est une formalité. Arrive la fin du déjeuner. Dany, discrètement, entrouvre la porte pour nous servir le café. Elle entend alors une phrase qui résonne encore dans nos mémoires :

— Écoutez, Michel, je vais être franc, la télévision de demain ne passera pas par vous, ni par Martin, ni par Pivot d'ailleurs... Vous êtes un homme du passé.

K.O., je raccompagne Philippe Guillaume à l'ascenseur et lui annonce que, compte tenu de ce qu'il vient de me dire avec une grande franchise, je me sens autorisé à reprendre contact avec Francis Bouygues et même avec La Cinq, qui me sollicitent régulièrement. C'est alors que Philippe Guillaume m'assène le coup de grâce, très calmement :

— Je préférerais que vous restiez encore un an chez nous, le temps de former un jeune.

Certains décideurs sont désarmants de brutalité. Les minutes qui ont suivi restent les plus démoralisantes de ma carrière. Je me suis effondré sur mon canapé, hébété, en sueur, ma femme me tendant ma tasse de café comme on fait du goutte-à-goutte à un grand blessé. Le moment de panique passé, j'ai filé à Roissy prendre le Concorde avec Gérard Depardieu, pour un spécial « Champs-Élysées » à New York. Gérard devait y repérer les décors de son prochain film, *Green Card,* de Peter Weir. Voyant que je n'étais pas dans mon assiette, il m'a lancé dans un grand éclat de rire, avec le sens de la mesure qu'on lui connaît :

— Tu aurais dû lui foutre un coup de boule à cet empaffé !... Appelle immédiatement Bouygues et dis-lui que tu es d'accord pour travailler avec lui.

Je remercie encore Gérard pour sa promptitude. Trois minutes après, j'avais le patron de TF1 en ligne et lui donnais mon accord. Rendez-vous fut pris à mon retour de New York.

Deux semaines plus tard, sur le plateau du 20 heures, Étienne Mougeotte annonçait mon arrivée sur TF1. Le président d'Antenne 2, que j'avais prévenu quelques minutes seulement avant le journal, avait ainsi la confirmation de la nouvelle. Philippe Guillaume n'est plus là. Il est mort en 1994, lors d'une opération du cœur. Ironie du destin, peu de temps après ce pénible épisode, lui aussi a vécu des moments difficiles. La presse ne l'a pas ménagé, il fut même la cible d'attaques personnelles indignes et dut démissionner de son poste. Dans son jugement à mon égard, les fameux « conseillers des présidents » avaient joué leur rôle, notamment Marie-France Brière, grande prêtresse des variétés sur la chaîne à l'époque. Elle lui avait soufflé de tenter avec moi l'ultime « relookage » avant la mise au placard définitive. Je ne sais pas ce qu'est devenue Marie-France Brière, une des belles âmes de ce métier. Ce que je sais, en revanche, c'est que nombre de conseillers des princes de l'audiovisuel ont un réel pouvoir de nuisance, en mesure, un jour ou l'autre, de tuer une carrière. Les hasards de la vie m'amènent souvent à penser à Philippe Guillaume. J'ai en effet retrouvé sa fille, la charmante Virginie, jeune animatrice de France 2, sur mon chemin, au côté de mes amis Jérôme Revon et Stéphane Gateau (qu'elle vient d'épouser). Avec ces deux producteurs enthousiastes, j'ai commencé depuis l'an dernier le passionnant tour de France des « Tenue de soirée ».

Ce mauvais souvenir refermé, j'ai passé quatre belles années sur TF1. Francis Bouygues, Patrick Le Lay et Étienne Mougeotte m'avaient promis la paix et la possibilité de mener sur leur chaîne, encore plus puissante qu'aujourd'hui, une émission qui me ressemble. Ils ont tenu parole. Cerise sur le gâteau, j'ai même présenté une trentaine de portraits d'acteurs, chanteurs, humoristes. Ce furent « Ciné Star », « Music Star »,

« Drôle de star », diffusées en seconde partie avec ma complice Françoise Coquet et le brillant réalisateur Mathias Ledoux. De toutes les émissions que nous avons produites, Françoise et moi, j'ai une tendresse particulière pour « Ciné Star ». Mathias et Françoise formaient alors un couple éblouissant qui pendant longtemps éclaira ma carrière d'une lumière distinguée. Avec ses amis Les Nuls, Mathias fit partie des pionniers de Canal + bien avant la période « nouveaux riches » et arrogante. L'habillage actuel de la chaîne cryptée, comme celui de M6, c'est encore la signature de Mathias, avec la complicité d'Étienne Robial. Il était l'un des réalisateurs les plus doués qu'il m'ait été donné de rencontrer.

Cet éternel jeune homme à la mèche rebelle est parti sur la pointe des pieds, le 10 mars 2005, foudroyé par un cancer du poumon. La discrétion avec laquelle il a tiré sa révérence est à l'image de toute sa carrière, faite de tact et de désintéressement. J'ai partagé l'immense chagrin de Françoise. Mathias repose au cimetière de Pantin, loin des paillettes, des cyniques et d'une nouvelle génération de réalisateurs dont certains sont devenus des chasseurs de prime.

Au cours de ce passage sur TF1, deux fois par mois, j'ai présenté « Stars 90 » depuis un endroit magique que j'avais découvert à Nogent-sur-Marne, le fameux pavillon Baltard, dernière structure des Halles de Paris rebâtie à l'identique sur les bords de la Marne. Les équipes de M6 le rendront célèbre dix ans plus tard avec « Graine de star », produit par Ardisson et présenté par Laurent Boyer. Aujourd'hui « Nouvelle Star », toujours sur M6, a fait de Baltard sa maison.

À l'époque, « Stars 90 » était diffusée le lundi soir et affrontait la concurrence de trois films en prime time, La Cinq existant encore. Les parts de marché de la chaîne tournaient autour de 40 %, ce qui représentait plus de 50 % du marché publicitaire. Aujourd'hui, TF1 plafonne sous les 30 % de parts de marché, avec toujours près de la moitié du marché publicitaire, une performance unique. Vingt ans après sa création, TF1 doit sa réussite à un duo de choc : Le Lay et Mougeotte.

Au moment où ces deux grands pros viennent de tourner la page après deux décennies de travail acharné, je veux leur dire mon estime. J'ai expliqué au début de cet ouvrage le lien particulier qui m'attache à Patrick Le Lay. Quant à Étienne Mougeotte, présentateur du 20 heures dans les années 1975, aujourd'hui patron du *Figaro Magazine*, il aura tout réussi. À l'heure où j'achève ce premier livre jalonné d'émotions et de souvenirs, je m'aperçois que bon nombre des figures de mon histoire commencent à se retirer de la scène et je sais leur réticence à parler de retraite. Quand Jacques Chirac m'a confié quelques mois avant de quitter l'Élysée qu'« il y a une vie après la politique », je ne l'ai pas cru. Comment commencer une autre existence quand on a derrière soi quarante à cinquante ans d'ivresse trépidante ?

Dans deux ans, j'atteindrai à mon tour près de quarante-cinq ans de vie publique. J'aurai alors soixante-sept ans. Comment m'imaginer au ralenti, sans projets, sans objectifs, sans enjeux ? Pour moi, il n'y aura pas de vie après la télévision, il n'y aura qu'une mort lente, à petit feu. Voilà pourquoi, si ma santé et le public me le permettent et si ma femme veut bien me supporter encore, j'espère être encore là pour longtemps. Ma carrière commence chaque matin. Il n'y a pas d'âge pour avoir le goût des autres.

Mon ami le stress

Je me demande souvent par quel miracle les hommes publics parviennent à masquer leur anxiété. La plupart d'entre eux, je le sais, connaissent des moments d'angoisse épouvantables. Personnellement, je ne compte plus le nombre de nuits blanches que j'ai passées la veille d'une émission, l'estomac noué, le cœur battant. Palpitations et extrasystoles rythment mes jours et mes nuits. Depuis la privatisation et la publication des sondages d'audience, tous ceux qui sont très exposés, en prime time, ont appris à se réveiller tôt, guettant avec appréhension le carrefour dangereux où, entre 9 heures et 9 h 15 tombent les chiffres. Elle est loin l'époque bénie où le patron vous disait qu'il avait aimé votre émission sans savoir combien de téléspectateurs l'avaient regardée. Avec l'émergence des mesures d'audience qui déterminent le tarif de la publicité, la télévision a fait naître une génération d'animateurs qui ont su très tôt que leur siège était éjectable.

Aujourd'hui, dès 9 h 15, tout baron du PAF sait s'il va passer ou non une bonne journée. Et s'il n'a pas eu le temps de consulter son portable sur lequel s'inscrivent les chiffres, RTL ou Europe 1 se chargent de les lui donner, à la même heure... Mais les nouvelles du front ne s'arrêtent pas là. Arrivent en rafales sur les ordinateurs le « quart d'heure par quart d'heure » et ses deux chiffres fatidiques. Le premier nous donne la « pénétration », c'est-à-dire le nombre de téléspectateurs nous ayant regardés, un point équivalant à cinq cent cinquante-cinq mille téléspectateurs. Le second, la fameuse « part de marché », à savoir, sur cent postes, combien étaient branchés sur notre programme. Et, pour finir, la courbe d'audience, véritable électrocardiogramme : une courbe terrifiante où vous pouvez suivre de minute en minute le comportement des téléspectateurs représentatifs du panel de Médiamétrie. Ce fameux panel, renouvelé régulièrement, rassemble les quelques milliers de téléspectateurs de différentes classes sociales et régions qui ont accepté que leur téléviseur soit relié à un ordinateur grâce à une deuxième télécommande. Au cours de la nuit, ces cerveaux électroniques crachent leurs résultats dans un petit immeuble d'Issy-les-Moulineaux gardé comme la Banque de France. Et on sait au matin avec précision – du moins je l'espère – qui a regardé quoi. Ces données fixent notre valeur marchande. Je me souviens des visages défaits de patrons et d'animateurs de chaînes commerciales découvrant, affichées dans les ascenseurs de l'entreprise, leurs courbes « de température » de la veille. Lors de mes premiers pas à TF1, je n'oubliais jamais d'emporter une boîte de Maalox contre les maux d'estomac... Notre métier a opéré à cette époque un virage irréversible : la peur du résultat est venue assombrir chaque année un peu plus le plaisir de l'antenne. Est-ce cette mutation ou le fait d'avoir été fils et frère de médecins ? Toujours est-il qu'à partir de là je me suis découvert une maladie qui ne m'a plus jamais quitté depuis : l'hypocondrie.

Croyez-moi, être hypocondriaque est un job à plein temps. Dès le lever, selon que la nuit a été paisible ou tourmentée, la journée du malade imaginaire commence. Prise de tension, absorption de vitamines en tous genres, crème antirides qui donnent l'impression de retarder l'échéance. À l'heure du déjeuner, mon entourage le sait : salades, grillades, ni sauce ni graisse, un litre d'eau minérale, en un mot pas de plaisir. Le hasard m'ayant choyé, j'habite en face d'une clinique et d'un laboratoire. Deux fois par mois, à jeun, je rends une visite de courtoisie aux laborantines. Me connaissant par cœur, elles me proposent gentiment un éventail de contrôles sanguins que j'écoute avec gourmandise.

— Alors, monsieur Drucker, qu'est-ce que ce sera, ce matin ?

Je ne résiste jamais longtemps à un petit contrôle du cholestérol, du PSA (la prostate, très sensible après cinquante ans). Quand je dispose d'un peu de temps, nouvelle prise de tension pour vérifier que mon propre appareil est fiable. Pratiquant la natation trois à quatre heures par semaine, pédalant en moyenne quatre-vingts kilomètres hebdomadaires, aux premiers frissons, il m'arrive de filer directement chez un pneumologue. Dans mon quartier, j'en connais déjà trois, chiffre à peine suffisant pour comparer leurs diagnostics et leurs matériels.

Voilà pour les hors-d'œuvre. Les examens sérieux, eux, ont lieu chaque trimestre. Échodopplers multiples, afin de vérifier si les artères inférieures et supérieures battent correctement. Ayant des propensions aux petites bronchites asthmatiformes, deux fois par an, je me précipite dans le service du professeur Godard, à Montpellier, grand spécialiste de l'asthme. J'y reste presque une journée entière, délicieuse : après le contrôle complet de ma capacité respiratoire, il m'arrive, comme on commande un supplément de crème Chantilly sur une coupe glacée, de demander un test d'effort et un électrocardiogramme à un jeune cardiologue ayant eu l'imprudence de laisser sa porte ouverte... Je ne rate jamais une coloscopie, ni une fibroscopie dont les résultats occupent à eux seuls toute une armoire... Mais mon plaisir le plus intense reste l'instant où j'ouvre lentement le rabat de l'enveloppe de mes analyses pour constater qu'enfin tous mes résultats sont excellents. Désormais, les seules bonnes notes qui me ravissent sont celles qui accompagnent mon bilan de santé. Bien entendu, mon hypocondrie fait la joie de mon entourage tant familial que professionnel qui considère avec une belle unanimité, sans oser me le dire, que le spécialiste que je devrais consulter en priorité c'est... un psychiatre.

Cela dit, les moqueurs sont en général les premiers à me demander le nom d'un grand praticien pour eux ou leurs proches, que je m'empresse de leur donner, avec une joie non dissimulée. J'ai ainsi l'impression de devenir enfin le médecin que je rêvais d'être. Mon idéal serait de disposer d'un bloc de papier à en-tête pour délivrer mes propres ordonnances. Il m'arrive d'appeler en urgence tel ou tel ami médecin pour qu'il reçoive un chanteur, un politique, souffrant de la gorge, des poumons ou du dos. Il va de soi que ma pharmacie personnelle est la mieux achalandée du métier. Crèmes, fioles, comprimés de toutes posologies envahissent ma salle de bains et font le désespoir de mon épouse. Contrairement à ce que l'on pourrait penser, l'hypocondrie est une maladie assez bien partagée, je connais beaucoup d'artistes aussi atteints que moi. Je me souviens d'un soir de générale, à l'entracte, où l'immense comédien Jacques François vient vers moi. Cet acteur flegmatique à l'humour tout britannique est visiblement au courant de mon « toc ». Ouvrant son veston, il me demande si je connais ce nouveau modèle de thermomètre accroché comme un stylo à sa poche intérieure.

— C'est une marque allemande. Discret, léger, antichoc, très fiable, bien mieux que celui que j'avais avant.

D'un geste naturel, il saisit mon poignet pour prendre mon pouls.

— Dites donc, Drucker, vous n'auriez pas un peu d'arythmie ce soir ? Quelle température aviez-vous ce matin ?

N'ayant pas du tout envie de rire, inquiet de ce léger trouble, j'envisage déjà de passer un coup de fil à mon cardiologue. C'est alors que Jacques François sort de sa poche un bristol où est notée sa température de la semaine, prise matin et soir. Au moment de rejoindre nos places, à la fin de l'entracte, Jacques François me lance :

— Prenez-vous de la DHEA ?

Il est mort l'année suivante, à quatre-vingts ans passés. Sur sa tombe, il aurait pu écrire : « Je vous l'avais dit que je n'étais pas bien. »

Champs-Élysées

Lorsque Pierre Desgraupes me demande, au début de 1982, d'imaginer un divertissement du samedi soir pour la rentrée de septembre, je ne me doute pas une seconde qu'il va devenir l'un des grands tournants de ma carrière. Rigoureux et peu amateur de paillettes, Desgraupes est très clair :

— Drucker, je compte sur vous. Je veux une émission populaire mais digne.

Ceux qui l'ont connu savent ce qu'il entendait par « digne ». Longtemps j'ai gardé en tête cette mise en garde d'un des pères fondateurs de « Cinq colonnes à la une », véritable feuille de route qui sous-entendait que, si l'émission était indigne, il l'arrêterait, quel que fût son succès d'audience. Je connais peu d'exemples d'émission ayant été supprimée en plein succès malgré une image déplorable. Certains jours, en seconde partie de soirée, les principaux actionnaires du privé ne doivent pas être très fiers devant ce que mon confrère du supplément télé du *Nouvel Observa-*

teur, Richard Cannavo, a appelé « la petite boutique des horreurs »...

Pour ce nouveau défi, Françoise Coquet et moi voulons un environnement prestigieux, synonyme de sortie du samedi soir. L'Espace Cardin pour la première année puis le mythique Studio Gabriel situé à deux pas de la place de la Concorde nous donnent l'idée de baptiser l'émission tout simplement « Champs-Élysées ». Le générique se doit d'être brillant et percutant. En huit saisons, nous en tournerons deux. Le premier, signé Françoise Boulain, est un long travelling sur les Champs-Élysées avec leurs illuminations de Noël, ponctué par un plan à 360 degrés autour de l'Arc de Triomphe. Le second, quatre ans après le début de l'émission, sera réalisé par Mathias Ledoux, beaucoup de téléspectateurs m'en parlent encore. Lorsque, deux ans avant sa mort, le président Mitterrand me remit l'insigne de chevalier de la Légion d'honneur, il me confia avoir rarement raté un « Champs-Élysées », dont il aimait particulièrement les premières images. Ce générique coûta à l'époque l'équivalent de cinq cent mille euros – soit aujourd'hui le budget entier d'une variété en prime time sur le service public...

Exceptionnellement long – deux minutes trente, la durée d'une chanson –, il a été composé par deux brillants musiciens, Jean-Claude Petit et Jean-Pierre Bourthayre. Le premier, grand arrangeur des années 1970, avait travaillé avec Julien

Clerc, Claude François, Sylvie Vartan, Johnny Hallyday... avant de devenir un célèbre compositeur de musique de film (*Manon des sources, Cyrano de Bergerac, Le Hussard sur le toit*...). Le second, fils d'un compositeur des années 1950, était un des faiseurs de tubes attitrés de Sardou et de Claude François. *Le Chanteur malheureux, Le téléphone pleure, Magnolia For Ever, Alexandrie Alexandra* ou encore *Les Lacs du Connemara,* c'est lui. Les notes de ce générique résonnent encore dans des conventions ou des soirées privées. L'originalité des images tient aux ballets de Réda – les meilleurs des années 1980 – dansant dans les lieux prestigieux du quartier de l'Étoile. Scénarisée par Mathias Ledoux, la réalisation nous coûta aussi plusieurs nuits blanches, en août 1983. Des fontaines de la Concorde à l'esplanade du Trocadéro, des Invalides à la tour Eiffel, le tout noyé sous un feu d'artifice... Le résultat fut exceptionnel.

Le sommaire de l'émission venait harmonieusement rythmer ce morceau d'anthologie sur des colonnes Morris habilement disposées sur le parcours des caméras. Mais son point culminant était mon apparition dans les dernières secondes au milieu des danseurs sur le toit de l'Arc de Triomphe. Les négociations pour obtenir l'autorisation de tourner à cinquante mètres au-dessus de la flamme du Soldat inconnu avaient été difficiles. L'émission commençait ensuite par un défilé de limousines s'immobilisant devant le

Pavillon Gabriel et libérant les stars en smoking et robe du soir. Et cela pendant huit ans, soit plus de trois cents émissions.

Lors de la première à l'Espace Cardin, mon père était dans la salle. Ce fut la dernière fois qu'il assista à une de mes émissions. Il devait nous quitter l'année suivante. De cette première me reste une image, celle d'un gamin intimidé devant la caméra de Jacques Brialy, le frère de Jean-Claude, chantant à tue-tête son premier tube *Il suffira d'un signe* : il s'appelait Jean-Jacques Goldman. J'avais rencontré Jean-Jacques dix ans plus tôt, chanteur et violoniste dans le groupe Thaï-Phong.

« Champs-Élysées », c'est aussi une liste impressionnante de stars qui ne sont plus. Lino Ventura, exceptionnellement souriant, au côté de Michel Platini, en 1986, avant que l'équipe de France ne s'envole pour la Coupe du monde au Mexique. Patrick Dewaere, peut-être le plus grand acteur de sa génération, venu chanter et parler de son film *Série noire.* Romy Schneider, le regard voilé, face caméra, venue demander des comptes « à une certaine presse » qui avait osé publier la photo de son fils allongé sur un chariot à la morgue. Pierre Desproges déconnant avec Guy Bedos, mettant en boîte Jacques Martin. Ce dernier, furieux devant son poste, n'appréciant pas la plaisanterie, et déboulant en direct pendant l'émission, tout de cuir vêtu, dans un état second, menaçant d'entrer dans le champ des caméras pour casser la gueule à l'ex-pensionnaire du « Petit Rapporteur »...

Autre « Champs-Élysées », plus épique encore, qui me valut deux mois de fâcherie avec ma mère. Ce soir-là, nous avions eu l'idée de faire des Nuls le fil rouge de l'émission. Alain Chabat, Bruno Carette, Dominique Farrugia et Chantal Lauby étaient en train de devenir les coqueluches des premiers abonnés de Canal +. Nous pensions amusant de les faire connaître du grand public. Ce soir-là, mon invité d'honneur était Jean Poiret, pour un film de Jean-Pierre Mocky, *La Saison des plaisirs*, dont l'affiche représentait un arbre fruitier constellé de parties génitales masculines. Je n'en menais pas large à l'heure du générique après avoir vécu une répétition particulièrement rock'n'roll durant laquelle je devais présenter la météo à la manière des Nuls avec en guise de conclusion : « Demain, ce sera la sainte Thérèse, qui rit quand on la baise »... Quant aux interventions des Nuls, répétées tout l'après-midi, elles n'avaient rien de rassurant non plus.

Après un quart d'heure d'émission, Bruno Carette dégaine le premier :

— Bonne nouvelle pour les amateurs de bonnes chansons, Guy Béart annule sa tournée.

Chantel Lauby enchaîne :

— Après son énorme tube *Ouragan*, qui marque ses débuts prometteurs dans la chanson, Stéphanie de Monaco nous déclare : « Dorénavant j'aurai un pied à Monaco, l'autre à Paris »... On plaint les Lyonnais.

Puis Alain Chabat :

— Hugues Aufray victime d'un viol collectif. Une bande de jeunes l'aurait agressé au son de sa chanson : *Debout les gars réveillez-vous il va falloir en mettre un coup.*

Je passe sur les fausses pubs de Chabat – dont la cultissime sur le dentifrice Tonyglandyl –, le sommet étant atteint lorsque apparut à l'écran une porte derrière laquelle on entendait les râles et les ébats d'un couple, avec en légende sonore : « Le bonheur c'est simple comme un coup de bite. » Jean Poiret lui-même, pourtant rompu aux situations les plus rocambolesques avec Michel Serrault, se retourna vers moi, me promettant un long exil dans le goulag berlusconien...

Le standard a explosé, ma mère aussi. En rentrant chez moi, penaud, vers minuit et demi, après avoir eu au téléphone mon patron Claude Contamine qui m'avait demandé si j'étais dans mon état normal, je trouvai sur le répondeur un message furieux de ma mère, hurlant avec mon émission en fond sonore :

— Michel, c'est moi, arrête ça immédiatement ! Mon téléphone n'arrête pas de sonner, mes amis sont scandalisés, Mme Cadot la concierge et les voisins viennent de frapper à ma porte, je ne te le pardonnerai jamais. Inutile de me rappeler.

J'ai longtemps gardé ce message, qui me rappelait le coup de fil de mon père à Raymond Marcillac. Et j'ai aussi longtemps ramé pour me réconcilier avec ma chère maman. C'est une couverture de *Télé 7 jours* qui m'a sauvé la vie : un mois après leur passage à « Champs-Élysées », Les Nuls faisaient la une du plus grand magazine de télévision, devenant des vedettes nationales.

Mais l'incident le plus douloureux, celui qui fait toujours les beaux jours des émissions d'archives et qui vaut probablement à l'INA une petite rente à vie, c'est l'« affaire Gainsbourg-Whitney Houston ». Ce soir-là, Whitney Houston, dix-neuf ans, nouvelle star aux États-Unis, fait sa première apparition à la télévision française. Serge Gainsbourg, exceptionnellement en smoking à mon côté, s'est tenu à carreau pendant presque toute l'émission, langage châtié, pas de cigarette, pas d'alcool, il me l'avait promis, je suis en train de gagner le pari que nous avons fait. Whitney Houston, debout face au public, ne peut imaginer ce qu'elle va entendre. Aucune interview n'est prévue au conducteur, après sa chanson je dois seulement la rejoindre au centre de la scène pour la saluer. Mais, pendant qu'elle chante, Gainsbourg me glisse qu'il la trouve « très bien roulée » et qu'il aimerait lui dire deux mots. J'invite donc Whitney avec nous sur le canapé – erreur fatale...

La suite est malheureusement bien connue, ces paroles ont fait le tour du monde. « *I would like to fuck you* »... Bêtement je traduis : « Il vous trouve charmante, *so sweet, so sweet...* » Et Serge en rajoute :

« Mais pas du tout, je lui ai dit que je voudrais la niquer ! »

Whitney Houston devient grise, moi livide. Dans un brouillard, je lance le dernier duo de l'émission, tout en apercevant du coin de l'œil la jeune star quitter le plateau en trombe avec son staff. Tard dans la nuit, Françoise Coquet et moi déposerons un bouquet de fleurs devant la suite de la jeune femme. Rien n'y fit : le scandale fut total en France comme aux États-Unis. Longtemps je m'en suis voulu. J'aurais dû virer Serge du plateau, mais cela signifiait la fin de l'émission. Gainsbarre devait en effet conclure en chantant en duo avec Eddy Mitchell *Vieille Canaille* – un titre qui ce soir-là lui allait particulièrement bien... J'étais fâché, furieux de mon indulgence, ce défaut que les critiques m'ont toujours reproché. Serge eut une façon bien à lui de s'excuser :

— Écoute, Michel, pour ne plus t'emmerder, je ne viendrai plus jamais en direct...

Dix ans ont passé avant que je me retrouve à Monaco, à la table princière, à la droite de Whitney Houston, à l'occasion des Awards du disque que je présentais avec Claudia Schiffer. Après avoir rasé les murs pour éviter de croiser celle qui était devenue une star mondiale, je ne pouvais plus éviter la confrontation. Elle m'a longuement dévisagé avant que je lui rafraîchisse la mémoire ; puis elle a éclaté de rire en me confiant que ce passage à « Champs-Élysées » restait un horrible souvenir pour elle. Entretemps, elle avait appris qui était Serge Gainsbourg.

Lors d'une autre émission exceptionnellement en différé, Julio Iglesias eut un trou de mémoire qui ressembla à l'éternité. Arrivé quelques minutes avant l'émission, dans un de ces *jet-lag* qui sont sa vie quotidienne, il a attaqué son tube *Je n'ai pas changé.* À son regard, j'ai tout de suite su qu'il était en perdition. Deux fois, trois fois, quatre fois il a enchaîné « je n'ai pas changé... » en cherchant désespérément la phrase suivante. Ce soir-là, Julio avait un peu changé... Par chance, nous n'étions pas en direct.

Pour moi, « Champs-Élysées » représente, avec les shows des Carpentier, les plus belles années du divertissement à la télévision. Chaque semaine, en direct, nous pouvions recevoir les plus grandes stars sans avoir à nous battre pour obtenir d'elles des moments de création originale, et pas seulement leur promo marketing systématique. « Champs-Élysées », ce fut aussi une soirée mémorable à New York, Bruel rendant hommage à John Lennon en chantant devant le Dakota Hotel où il fut assassiné, Pagny au pied de la statue de la Liberté, Mort Schuman (qui avait écrit pour Elvis Presley) sous le pont de Brooklyn. Quand je repense aux années « Champs-Élysées », je me dis qu'elles marquent la fin d'une époque, celle où la pub et « la ménagère de moins de cinquante ans » ne régnaient pas encore en maître. Celle où, le marché n'imposant pas encore sa loi, nous étions tout simplement libres.

Je ne peux évoquer tous ces grands moments sans parler de Thierry Le Luron. Petit lutin, si intelligent, si rapide et si doué. Ce soir d'octobre 1983, alors que François Mitterrand nous regarde comme à peu près chaque samedi à Paris ou à Latché, le jeune imitateur va faire une provocation impensable aujourd'hui. Parodiant la chanson de Gilbert Bécaud et Louis Amade *L'important, c'est la rose*, il fait entonner au public un invraisemblable « L'emmerdant c'est la rose ». Voir une salle entière brocarder le socialisme triomphant prouve aussi que mes patrons m'ont toujours laissé une grande indépendance. La scène est d'autant plus cocasse que la salle est remplie ce soir-là de lecteurs du quotidien régional *La Voix du Nord*, pour la plupart sympathisants socialistes et électeurs de Pierre Mauroy. Je n'oublierai jamais non plus la tournée d'Europe 1 que j'avais présentée, l'été précédent, à son côté : quarante-cinq villes, dix mille spectateurs chaque soir. Ce fut le dernier tour de piste de cet artiste de génie qui mourut peu après, si jeune, et dont la disparition nous causa tant de chagrin. Quand j'écoute *Nous nous reverrons un jour ou l'autre* que Charles Aznavour lui écrivit pour son dernier spectacle au Palais des congrès, je me dis que la vie est injuste, Thierry avait encore en lui tant de rires à partager.

Chers téléspectateurs

La plupart de mes joies, de mes émotions et de mes réflexions m'ont été données par le public. Si la coutume veut de dire que la vérité sort de la bouche des enfants, les remarques les plus drôles et les plus pertinentes viennent souvent de l'homme de la rue. Depuis plus de quarante ans, j'ai reçu des milliers de lettres. J'en ai conservé certaines, d'autres se sont gravées dans ma mémoire. Comme je l'ai rappelé au début de ce livre, mon père considérait que j'avais finalement exercé un peu le même métier que lui en devenant un « médecin des âmes ». C'est-à-dire en apportant, par le biais du téléviseur, du réconfort et de la gaieté dans beaucoup de foyers français. Tous les hommes de télévision vous diront qu'ils ont, comme les chanteurs et les acteurs, des fans inconditionnels qui les suivent depuis toujours. Mes fans à moi ont traversé le temps. Quand il arrive qu'un groupe de jeunes me demande une signature ou une photo, c'est très souvent pour leurs... grands-parents, ce qui réduit de plus en plus mon potentiel de séduction auprès des jeunes. Voilà quelques années, par une fin d'été, dans un avion, j'avais à mes côtés deux jeunes filles de dix-huit ans, belles comme le jour, dont la silhouette présumait qu'elles venaient d'être élues « Miss T-shirt mouillé au camping des Flots bleus ». Le string fluo qui dépassait de leur jean, leur absence de soutien-gorge laissaient deviner qu'elles n'avaient pas non plus été élevées par le capitaine Royal et qu'elles ne lisaient pas la messe en latin. Déployant un journal populaire qui affichait à sa une Christophe Dechavanne, elles se sont soudain exclamées en chœur : « Ah, Christophe, toute notre jeunesse !... » À l'époque, il ne devait guère avoir plus de trente-cinq ans. J'imaginais donc être pour elles une vedette du cinéma muet... Intrigué, j'ai fini par leur demander comment, à dix-huit ans, pouvaient-elles dire que Dechavanne était leur jeunesse ? J'ai tout de suite compris qu'en devenant jeunes femmes elles avaient changé d'idole, se focalisant désormais sur Arthur et Benjamin Castaldi.

— Et où me situez-vous, moi, alors, dans la pyramide des âges ?

Leur réponse ne se fit pas attendre :

— Vous, c'est pas pareil ! C'est comme si vous aviez été vendu avec le poste.

La rançon de la pérennité, sans doute...

Il faut rester philosophe : que les jeunes gens se désintéressent de vous n'est pas si grave. Le pire est ailleurs, quand certains téléspectateurs – en l'occurrence il s'agit de téléspectatrices –, au contraire, se mettent à ne penser qu'à vous. Là, le temps se couvre. J'ai eu ainsi, bien malgré moi, avec quelques admiratrices chevronnées, une relation délirante...

Il y a trente ans, lors de mon passage à RTL – où je suis resté huit ans –, j'animais un jeu qui fait encore fureur un quart de siècle plus tard, la fameuse « Valise RTL », dont Jean-Marie Bigard a même fait un sketch irrésistible. Je sillonnais la province à bord d'une voiture-studio noire avec « RTL » peint en énormes lettres jaunes sur le capot, le coffre et les portières. « RTL c'est vous » durait trois heures chaque après-midi. Nous partions à travers les rues de Paris, et une fois par semaine en province, à la rencontre de nos auditeurs. Un porte-à-porte musical et journalistique avec à mes côtés un invité que j'entraînais sur le terrain, loin de son environnement habituel. Pour m'aider à supporter la longueur de l'émission, Roger Kreicher et Henri Agoguet – mes pères formateurs à la radio – m'avaient adjoint un coanimateur décalé... un certain Daniel Prévost. Au cours de ces pérégrinations, j'ai rencontré des milliers d'auditeurs et de téléspectateurs.

Un de ces après-midi, alors que je parcours les rues de Metz, apparaît une auditrice pas comme les autres. Trente ans plus tard, elle fait toujours partie de ma vie, après avoir désespérément voulu, à cette époque, y entrer complètement. De cette dame je reçois d'abord des lettres brûlantes, agrémentées de photos suggestives, auxquelles je ne prête pas vraiment attention. Et puis un soir, à Paris, dans la pénombre de l'impasse où se trouvent les garages de RTL, à l'angle de l'avenue Franklin-Roosevelt, alors que je prends ma voiture, je sens brusquement un corps de femme se plaquer contre moi. C'est Mme M..., mon auditrice de l'Est. Moulée dans une robe du soir verte, dégageant une poitrine fellinienne, avec son rouge à lèvres du samedi soir, les cheveux lâchés, cette fan inconditionnelle vient vivre avec moi à Paris – comme me l'annonçait d'ailleurs sa dernière lettre (que j'aurais dû hélas lire plus attentivement). Cette dame charmante – qui selon les psys opérait un transfert intense – a décidé de quitter son mari. Lorsque j'aperçois derrière son épaule nue ses trois garçons de six à douze ans alignés tels les Dalton devant une berline dont la galerie croule sous les valises, je comprends que je vais vivre une soirée difficile. Il y a même le chat, dans une cage. Les enfants m'appellent déjà Michel. Avec un large sourire, leur maman ajoute de manière très sensuelle : « Je suis à toi. » Et moi, une seule réponse me traverse l'esprit : « Je vais demander à ma femme ! » Mme M... trouve cela tout à fait naturel, elle me propose même de m'accompagner à mon domicile.

Et nous voilà embarqués dans une scène tragicomique. Pas le temps de prévenir Dany : je me retrouve devant mon paillasson avec ma « passion » et ses trois enfants. Quand Dany ouvre la porte, elle reconnaît immédiatement Mme M..., dont je lui ai parlé à maintes reprises et dont l'abondante correspondance ne lui a pas échappé. D'un naturel confondant, parfaitement à l'aise au milieu de notre salon, Mme M... demande officiellement à ma femme la permission de passer la nuit avec moi à l'hôtel. Partagés entre le fou rire et l'angoisse, il nous faut de longues minutes pour convaincre mon admiratrice de rentrer chez elle avec chat et enfants... Je lui propose d'appeler son mari, probablement fou d'inquiétude de ne trouver personne au domicile conjugal à son retour du travail. Dévasté par mon appel et visiblement informé de la relation épistolaire torride que sa femme entretient avec moi, M. M... se confond en excuses... Après avoir nourri les enfants, donné à Mme M... de quoi faire le plein de sa voiture, ma brune Anita Ekberg venue de l'Est s'en est sagement retournée chez elle. Un an plus tard elle a mis au monde un quatrième enfant qu'elle a appelé Michel, l'ayant, m'avoua-t-elle, conçu en ne pensant qu'à moi.

Depuis cette étonnante rencontre, Mme M... est devenue grand-mère, tout en me restant fidèle. Je l'aperçois quelquefois sur le trottoir de l'avenue Gabriel à la sortie de « Vivement dimanche » avec un petit cadeau à mon intention. En Provence, il m'arrive aussi de l'apercevoir tôt le matin sur le petit chemin de ma maison, endormie dans sa voiture aux vitres couvertes de buée, à cette heure matinale où je pars faire du vélo. Après avoir parcouru mille kilomètres, elle vient m'adresser un petit bonjour, dans sa longue robe verte moulante du premier jour.

Des personnages comme Mme M..., tous les hommes qui font mon métier en ont connu et tous ont reçu des lettres parfois irrésistibles. Je me souviens de celle-ci, reçue dans les années 1970, alors que je présentais déjà les dimanches après-midi : « Cher Michel, je ne rate jamais vos rendez-vous, mon mari est routier, il ne rentre que le week-end et j'ai pris l'habitude d'accomplir mon devoir conjugal chaque dimanche, entre quinze heures et quinze heures trente, pendant votre émission. Le poste de télévision est dans notre chambre et avec Robert nous avons l'impression de vous associer à ce moment intime. Depuis cinq ans que vous présentez cette émission, grâce à vous, nous avons trouvé une parfaite harmonie sur le plan sexuel et quand mon mari reprend son camion, le dimanche soir, nous nous faisons une joie de savoir que nous nous retrouverons le dimanche suivant. Mais depuis hier je suis effondrée, j'apprends en lisant *Télé 7 Jours* que vous allez abandonner le dimanche après-midi pour le samedi soir. Je crains que ce changement d'horaire ne nous perturbe beaucoup, Robert et moi. »

Je lui ai répondu qu'elle allait sûrement s'adapter très vite à ce nouvel horaire, l'important étant que le créneau du week-end soit respecté, son routier de mari revenant, je l'avais bien noté, le vendredi soir. L'amour était sauf.

Réponse de cette téléspectatrice, qui ne manquait pas d'humour : « Ce n'est pas l'horaire du samedi soir qui m'inquiète, mais la périodicité de l'émission... *Télé 7 Jours* précise en effet que votre nouvelle émission sera mensuelle alors que vos “Rendez-vous du dimanche” étaient hebdomadaires. »

Mais il y a aussi des courriers et des rencontres plus franchement inquiétants. Voilà quelques années, Mlle D... s'est infiltrée dans ma vie d'une bien étrange manière. Certains soirs, je la trouvais nue, en position du lotus, guitare à la main, fredonnant une mélopée sur le palier de mon domicile, sous les regards effarés de mes voisins. D'autres fois, elle m'attendait dans la pénombre de mon parking, au petit matin, après avoir passé la nuit, toujours nue, dans un sac de couchage, contre ma voiture. Elle ne me demandait qu'une chose : un coït simple, rapide et brutal. La présence possible de mes copropriétaires ne la gênait pas, au contraire. Eux, particulièrement guindés, m'assenaient des regards chargés de tout le mépris qu'ils vouent aux gens de ma profession. Que faisait cette fille nue dans les sous-sols d'un immeuble du VIIe arrondissement, en présence d'un animateur dont l'image de gendre idéal (ah, cette image !) en prenait chaque fois un sacré coup ? Un soir, exaspéré, j'en suis venu aux mains avec Mlle D..., qui me sauta dessus au moment où la minuterie s'éteignait. Être victime d'une agression sexuelle était pour moi une grande première. Heureusement j'étais svelte, et je lui échappai.

Bilan de notre courte étreinte, une paire de lunettes cassée, que je me suis empressé de lui remplacer, dès le lendemain.

Mon frère Jacques, médecin, m'a alerté, me conseillant la vigilance. Je ne devais pas prendre à la légère le comportement de cette jeune fille. Sur ses conseils, j'appelai donc SOS Psychiatrie, qui m'apprit que cette téléspectatrice souffrait de crises d'érotomanie aiguë. À part ça, entre deux pulsions délirantes, la jeune fille menait de brillantes études de mathématiques dans le Nord de la France. Mais certains soirs, sentant pointer la crise, elle sautait dans un TGV et se dirigeait droit vers mon parking. Après quelques mois d'accalmie, mon érotomane favorite m'informa qu'elle était amoureuse, elle venait de rencontrer l'homme de sa vie, un bel Africain, avec lequel elle avait trouvé l'équilibre. Entre nous, c'était fini. Mon soulagement fut hélas de courte durée : je reçus assez vite une photo de cette jeune fille intelligente, toujours aussi nue, mais cette fois attachée à un radiateur sous le regard dominateur de son puissant éphèbe... Mais elle ne rechuta jamais jusqu'à ma porte, et je l'en remercie. Depuis, à intervalles réguliers, je reçois des lettres de Mlle D... Peut-être la retrouverai-je un soir, à la sortie de « Vivement dimanche », au côté de Mme M... Bienvenue au club !

Loin de ces cas extrêmes, la plupart des lettres que je reçois depuis quatre décennies sont émouvantes et réconfortantes. Dans les premières années de ma carrière, elles étaient pleines d'encouragements, me ramenant un peu aux bulletins scolaires de mon enfance. Comme j'ai appris mon métier devant les téléspectateurs, sans aucune formation, mes progrès s'éclairaient à la lumière de leur correspondance. Pendant longtemps, une formule s'est imposée sur toutes les autres : « Continuez, soyez moins timide, vous faites preuve de bonne volonté. » Ou bien : « Regardez plus la caméra, baissez moins les yeux... Vous allez y arriver. » Après mes débuts catastrophiques à l'antenne entre Roger Couderc et Léon Zitrone, ces bulletins de notes me sont arrivés par sacs postaux entiers. La France des téléspectateurs me devenait une immense famille. Mes tremblements et mon air apeuré m'ont poursuivi longtemps. Plus tard, comme un étudiant passerait du collège à l'université, je suis devenu enfin meilleur élève, servi par « un physique de gendre idéal » qui faisait beaucoup rire ma bellemère. À la télévision l'habit fait le moine, l'image qu'elle véhicule vous accompagne dans le moindre recoin de votre vie, jusqu'à la caricature. Ainsi, j'imagine que pour beaucoup de téléspectateurs, en particulier ceux appartenant à la jeune génération, je ne peux avoir été qu'un bon élève, moi qui aurais tant voulu l'être...

Tous les piliers de la télévision, ceux qui ont pignon sur rue depuis trente ans, ont curieusement un physique rassurant : Poivre d'Arvor dégage une image faite de douceur et de sérieux ; Claire Chazal est l'institutrice dont on aimerait tomber amoureux ; Jean-Pierre Pernault rappelle le VRP que vous venez de croiser à la gare ; « Jean-Pierre Foucault, disait Francis Bouygues, a la rondeur de la bonhomie » ; Jean-Luc Delarue, pour la France profonde, dégagera toujours crédibilité et rigueur. Quant aux réussites récentes, elles sont également servies par des physiques avantageux, ce sont tous des jeunes gens séduisants que les Français aimeraient avoir pour fils et filles. Force est de constater que présentateurs et journalistes ressemblent de plus en plus à des gravures de mode, je l'ai déjà dit, mais ma crainte, au fond, c'est qu'à l'heure d'aujourd'hui je ne suis pas certain que la génération Léon Zitrone, Guy Lux et Pierre Bellemare aurait pu s'imposer de la même façon. Heureusement pour nous, les seniors, la France qui vieillit comptera dans les vingt prochaines années un sexagénaire sur trois. Elle aura besoin de retrouver des visages qui l'auront accompagnée pendant une partie du siècle. Privilège de l'âge contre celui de la jeunesse. Je ne suis pas sûr que les jeunes loups qui galopent dans notre rétroviseur auront la chance de s'inscrire dans la durée. La première ride ne leur sera-t-elle pas fatale, dans ce nouveau monde ? La pression toujours plus grande, la multiplication de la concurrence empêchent bien des décideurs de prospecter en profondeur parmi les talents nouveaux. C'est dommage.

Pour en revenir au courrier des téléspectateurs, je n'ai pas reçu que des lettres agréables dans ma vie. Quelques-unes m'ont terrifié, émanant de personnes racistes, antisémites, xénophobes... Il est arrivé que des croix gammées soient taguées sur le capot de ma voiture, que des étoiles jaunes tombent des enveloppes, que l'on dépose des lettres anonymes à l'attention de ma famille dans ma boîte aux lettres. Tous les hommes ne sont pas de belles âmes, tous les téléspectateurs non plus. Les corbeaux volent encore en France, y compris au-dessus de notre métier. Souvent je me dis que si Internet et les portables avaient existé sous l'Occupation, la Gestapo aurait gagné beaucoup de temps. Le devoir de mémoire dans notre pays reste aussi un devoir de vigilance. La jalousie, l'envie, la malveillance demeurent des poisons violents.

Au fil des années j'ai fini par apprendre à lire sur les visages de mes contemporains. L'homme crédule et naïf que j'ai longtemps été a laissé la place à un témoin plus lucide. Je décrypte mieux les mauvaises intentions, les esprits méchants. Est-ce vraiment un progrès ? J'aime faire référence à ce grand dialoguiste de l'après-guerre, Henri Jeanson, une des meilleures plumes du *Canard enchaîné*, qui, croisant un jour le regard d'un homme peu respectable dont le visage reflétait l'infamie, dit : « Regardez-le bien, à ce stade-là, c'est de la franchise. » J'emprunterai enfin à Woody Allen cette saillie irrésistible à propos d'un comédien qui traitait un de ses concurrents de has been : « *What is worth : to be a has been or a never has ?* » Traduction : « Qu'est-ce qui est pire : être un has been ou n'avoir jamais existé ? »

Rassurez-vous, il y a aussi dans mon entourage des gens parfaitement sensés et dont la fidélité à toute épreuve me touche. Je pense à Anna, espagnole d'origine, gardienne d'immeuble à deux pas de la place de la Concorde et de mes studios, et qui, été comme hiver, vient m'attendre à la sortie de mon bureau, incollable sur le contenu de *Voici*, *France Dimanche*, *Ici Paris*, *¡Hola!*, *Gala*... Cette presse fait partie de nos vies et ses lecteurs sont aussi nos téléspectateurs. Je pense à la petite Isabelle qui a vaincu une maladie grave et qui chaque mercredi après son travail vient me demander comment je vais. Et à Valérie, Andrée, Marie-Claude... pour ne citer que les plus anciennes. Ces hommes et ces femmes savent tout de nous, collectionnent tout, gardent tout, suivent les événements de notre vie dont ils finissent par faire partie. Beaucoup de mes jeunes confrères de la nouvelle génération trouvent ringard d'accorder du temps à ces anonymes. Comme ils ont tort ! Le jour où ils connaîtront la disgrâce, le jour où tous ces gens les zapperont, ils découvriront que ce sont eux qui ont fait nos carrières. Et j'emprunte à Barbara, sans démagogie aucune, ces mots d'une de ses plus grandes chansons : « Ma plus belle histoire d'amour... c'est vous. »

Ce que j'ai envie de vous raconter à présent est plus personnel, plus délicat, et j'ai longuement hésité avant de l'écrire. Comme je l'ai dit au début de ce livre, mon premier job, à dix-sept ans, a été moniteur d'enfants dits « difficiles » dans une colonie de vacances pas comme les autres, aux Sables-d'Olonne, en Vendée. Je garde un souvenir ébloui et nostalgique des trois mois passés sur cette plage populaire à surveiller une vingtaine de gamins qui filaient déjà un mauvais coton, et dont certains ont mal tourné.

Ce n'est donc pas un hasard si, vingt ans plus tard, j'ai commencé à répondre à des lettres de jeunes délinquants qui m'écrivaient de prison où ils vivaient leurs premières expériences carcérales. Sans avoir le statut officiel de visiteur, depuis 1985 je me rends régulièrement dans certaines prisons françaises à la demande de leur directeur. La télévision s'y étant généralisée depuis le passage de Robert Badinter au ministère de la Justice, certains détenus lient des relations épistolaires régulières avec des personnalités du petit écran. J'en fais partie. Il m'arrive d'aller dialoguer dans des maisons d'arrêt, des centrales, où l'on purge de très longues peines. Chaque fois, je rentre bouleversé de ces lourdes journées passées loin du monde, immergé dans les ateliers, dans les cellules, rencontrant des dizaines de détenus ainsi que leurs gardiens. Il m'arrive même de retrouver un homme incarcéré à qui j'ai écrit vingt ans auparavant alors qu'il accomplissait sa peine dans une autre maison d'arrêt, et qui n'est toujours pas libre. En voyant punaisée au mur de sa cellule une photo de moi avec un de mes chiens mort depuis longtemps, je mesure le nombre d'années qu'il a passées derrière les barreaux. Les prisons françaises, c'est de notoriété publique, sont parmi les plus insalubres d'Europe. Les conditions scandaleuses de détention, conséquence entre autres de la surpopulation carcérale, font que la plupart de ces condamnés n'ont aucune chance de sortir meilleurs qu'ils ne l'étaient en y entrant. Certains de ces hommes et de ces femmes sont, je le reconnais, difficilement réinsérables, nombre d'entre eux relèvent davantage de l'hôpital psychiatrique que de la pénitentiaire, mais je sais aussi que beaucoup de mômes ayant quitté trop tôt la route sont amendables. Encore faudrait-il les éloigner de ceux qui représentent de véritables dangers publics. La France doit tout faire pour humaniser ses prisons. L'actuelle garde des Sceaux, Rachida Dati, en est convenue récemment sur le plateau de « Vivement dimanche ».

Beaucoup de jeunes avec qui je corresponds à Caen, Metz, Fresnes, Fleury-Mérogis, ou Marseille se reconnaîtront peut-être s'ils lisent ce livre. Je les salue. Quelques-uns, je le sais pour recevoir parfois leurs manuscrits, écrivent en prison. Qu'ils continuent. Je leur rappelle que le scénariste et metteur en scène José Giovanni a survécu à la prison en écrivant. Personne n'a oublié *Le Trou, Le Deuxième Souffle* ou *Le Ruffian*... Tous ces beaux romans portés à l'écran ont été écrits par un condamné à mort... gracié par le président Vincent Auriol. Rien ni personne n'est jamais totalement perdu.

Épilogue

Eygalières, le 12 août 2007

Au moment où j'achève ce livre de souvenirs, jalonné de retours en arrière, j'éprouve le besoin de vous entraîner dans ma roue sur les routes des Alpilles. Les Alpilles, devenues par les hasards de la vie le berceau de ma famille, où reposent mes parents et où mon frère Jean a vécu des jours heureux et moins heureux. Jean à qui je dédie ce livre et qui me manque tant depuis ce sinistre 18 avril 2003.

Jean, depuis ce drame épouvantable, pas une journée de ma vie ne s'écoule sans que je ne pense intensément à toi. En ce 12 août 2007, tu aurais eu soixante-six ans. Après avoir couvert les 6,850 kilomètres qui séparent ma maison de celle qui fut la tienne, je me décide à sonner pour la dernière fois à la porte du mas de Mollégès. Je connais la distance au mètre près pour l'avoir parcourue des milliers de fois en guise d'échauffement avant d'attaquer les pentes des Baux ou du Ventoux. En cette mi-août où les couleurs de ce coin de France tant prisé des peintres annoncent déjà la fin de l'été, je sais que cette ultime visite va être éprouvante. Je ne suis jamais revenu ici depuis la nuit fatale, et les nouveaux propriétaires emménageront dans quelques semaines. Les gardiens me laissent seul avec toi dans les pièces vides de cette grande maison que tu aimais tellement. Je reste un long moment dans la petite chambre où je t'ai veillé. Je te parle. Je ne me résoudrai jamais à admettre que tu n'es plus là. Tout à l'heure, comme chaque année à la fin des vacances, j'irai au cimetière d'Eygalières bavarder avec maman, puis je filerai sur Maussane embrasser papa sous son olivier. Rassure-toi, je n'ai rien dit aux parents depuis quatre ans. Pour eux, tu es toujours avec nous. Quant à ta fille Marie, belle et talentueuse, elle te ressemble de plus en plus. Elle présente brillamment le Soir 3. J'ai souvent imaginé ce que nous aurions pu entreprendre tous les deux depuis 2003. Nous aurions conseillé, écouté, orienté les gens du métier. Peut-être aurions-nous ouvert des voies, donné un style nouveau à la « com' ».

Jean, je voulais aussi te dire combien j'ai été touché en ouvrant la malle que tu m'as laissée. Je ne savais pas que tu avais gardé toutes les coupures de presse concernant ma carrière. Je ne savais pas que tu gardais précieusement sous clef tous les articles sur « Vivement dimanche », et en particulier celui de Jean-François Kervéan dans *L'Événement du jeudi*. Si ta maladie t'avait enfin abandonné, si ta vie avait été plus sereine, nous aurions rattrapé ce temps durant lequel nous nous sommes aimés sans nous parler assez. Je t'aurais appris à utiliser le beau vélo que je venais de t'offrir, je t'aurais emmené du côté de Gordes et de Roussilon. Je t'aurais appris à gravir « les bosses », comme disent les coureurs cyclistes, sans souffrir ni être essoufflé. Je t'aurais guéri de ton asthme parce que je t'aurais guéri de tes soucis, de ton stress, de notre enfance. Pendant nos balades dans cette sublime Provence, nous aurions déconné et ri des relations entre Abraham et Lola Drucker, souvent tragicomiques. Dany trouve que je ressemble de plus en plus à papa, elle se demande si un jour enfin je serai plus calme. Elle fait tout pour ça, aidée par l'indispensable Claude, notre homme de confiance, l'âme de la maison.

Quand j'irai voir maman tout à l'heure, au joli cimetière du village qu'elle avait choisi parce qu'elle le trouvait gai et ensoleillé, je lui dirai que nos carrières sont au top, que tu respires mieux, que notre jeune frère Jacques est très heureux aux États-Unis... Que Léa est une comédienne de plus en plus reconnue, que ses deux autres filles, Camille et Eva, sont de parfaites Américaines. Que ma Stéfanie à moi fait toujours d'aussi beaux décors et que sa fille Rebecca est irrésistible. Quant à ton petit garçon, Vincent, qui a huit ans, je ne le vois pas assez, mais avec les années je suis sûr que nous nous retrouverons. Je vais dire à maman de ne pas s'inquiéter, le clan reste groupé.

Ma dernière balade de l'été s'arrête à Maussane. À vingt kilomètres de la tombe de ma mère, me voici devant les cendres de mon père sous un olivier de son jardin. Avec sa plaque de médecin généraliste pneumologue qui au début des années 1950 ornait la façade de sa belle maison, avenue de la Gare, à Vire. Tu te souviens comme il en était fier, elle symbolisait la victoire de la famille après les années sombres.

La boucle est bouclée.

Papa, je veux que tu saches combien tu as pesé sur ma vie et comme je redoute le moment où tu vas lire ce livre. En l'écrivant, je t'ai souvent senti présent, jetant un œil sur ma copie pardessus mon épaule. J'en ai lu et relu certains passages concernant mon adolescence normande de peur qu'ici et là, un mot, une phrase, ne heurtent ta susceptibilité. Comme je connais également ta mauvaise foi, je suis certain que tu ne te reconnaîtras pas toujours dans la description que j'ai faite de toi. Sache cependant que ta tyrannie, ton exigence, ton obsession de l'excellence quand il s'agissait de tes enfants, auront finalement été salutaires. Je viens d'avoir soixante-cinq ans et je sais désormais que tu nous as transmis à tous le virus du travail et de la réussite. Comme chaque année à la même époque, je t'entends me poser la même question : « Et à la rentrée, qu'est-ce que tu prépares de neuf ?... » Je te signale en passant que je suis maintenant à un âge où une grande majorité de Français ont pris leur retraite.

Plus je te parle, plus je trouve que Dany a raison : en vieillissant, je suis en train de devenir toi. Même énergie, même inquiétude, mêmes doutes, même besoin d'occuper l'espace, de remplir le temps, de m'agiter. Nous parlons souvent de toi avec Jean, et si vos rapports ont été tumultueux dans les dernières années de ta vie, aujourd'hui je crois qu'il le regrette.

En réalité, je suis sûr que tu as été fier de nous. J'ai beaucoup hésité avant de choisir le titre de ce livre, que je t'ai finalement emprunté. Je ne sais pas si j'ai bien répondu à ta question, mais j'ai fait de mon mieux.

Je reviens à Eygalières par la route du Destet, en passant devant la maison de Véronique, la femme de Jean. J'entends Marie rire au loin. Je repasse devant le cimetière, je fais signe à maman que tu vas bien. Ce soir nous serons à Paris. Dans le TGV, je songerai à cette terre que tu nous as fait découvrir voilà trente ans. Comme à chaque fin d'été, je rentre plus serein, heureux d'avoir pris du recul. Mais cette télé dévorante va de nouveau m'envahir. Je vais de nouveau avoir l'impression, à chaque émission, que je joue ma vie, alors qu'au fond je sais qu'elle est faite depuis longtemps et que ce métier repose sur du sable. En vérité, le regret de ne pas avoir été médecin comme toi ne s'effacera jamais...

Mais dans ce retour une nouvelle m'enthousiasme déjà : Jacques Chirac me reçoit la semaine prochaine. Je lui ai proposé d'enregistrer avec moi ses Mémoires télévisés. J'espère qu'il va dire oui.

Es-tu fier de moi ?

Générique

À la fin de chaque émission de télévision arrive le moment du générique, qui défile très vite pour éviter que les téléspectateurs ne zappent. Ceux qui sont concernés par cette liste de noms n'ont même pas le temps de s'y reconnaître. Pour une fois, j'ai voulu que tous ceux qui, de près ou de loin, me permettent de faire mon métier depuis tant d'années, gardent une trace de ma reconnaissance. Réalisateurs, techniciens, assistants, collaborateurs de ma société DMD production, ils sont aussi ma famille.

Merci à l'équipe artistique de « Vivement dimanche », dont certains sont à mes côtés depuis plus de vingt ans. À vous, cher Éric Barbette, mon ombre et mon pilote, toujours si vigilant. À Grégoire Jeanmonod, calme et serein quoi qu'il arrive. À Florence Faissat, à l'affût des nouveaux talents, qui m'a fait découvrir Nicolas Canteloup. À vous, chère Brigitte Neel, pour votre professionnalisme et votre présence apaisante, jusqu'aux dernières secondes avant l'antenne. À Joëlle Narcy, la mémoire de mes émissions, véritable INA à elle toute seule. À Nelly Pierdet, ma maquilleuse depuis... toujours, qui arrive à me faire croire chaque semaine que j'ai dix ans de moins. À Nathalie André, en souvenir de « Studio Gabriel ».

Merci aux réalisateurs, à toi, cher Dodo, Dominique Colonna, qui signes avec élégance, depuis dix ans, la mise en images de « Vivement dimanche ». À Richard Valverde, à Franck Broqua. Merci aux compagnons d'une époque, Remy Grumbach, Jean-Pierre Spiero, Pascal Duchêne, Dirk Sanders, Françoise Boulain, Jacques Brialy, Gilles Amado, Pascal Duchêne, Bernard Lion...

Merci à mes amis de DMD Production. À Philippe Alain, mon « petit frère » qui veille sur moi depuis trente ans avec un dévouement et une compétence exemplaires. À Pascal Roger, pour sa rigueur et son efficacité. Merci à vous, Cathy Porée, seule secrétaire de ce métier qui, depuis l'Aveyron, gère mon agenda et mes appels à Paris.

Merci aussi à

Laurence Abonnen, Jean-Pierre Audidier, Florent Auray, Nicolas Baleizao, Hubert Bellaïch,

Sandrine Béraud, Jacques Bernardini, Nicolas Colpart, François Debreuil, Philippe Devilliers, Amin Essadiq, Cindy Fock Si Mui, Joséphine Gad, Nadine Gonthier, Corinne Huvelin, Thibaut Lessafre, Bruno Loury, Julie Meyere, Carole Moisan, Valérie Moisan, Jean-Pail Mousterou, Valérie Omer, Claire Papot, Jean-Paul Savalle, Ramon Schmidt, Marc Vaziagga, Béatrice Vecchioni, Tania Vervin

et...

Magalie Beauvois, Jean-Marie Boniface, Gauthier Bonneville, Christian Bourdon, Sébastien Bouton, Pierre Casimir, Stéphane Chaput, Laurent Chevallier, Vanessa Coquet, Marc Antoine Colonna, Max Cordel, Virginie Cheysson, Sébastien Delaunay, Frédéric Dorieux, Alain Eppstein, Evelyne Faye, Zaza Fernandez, Jean-Paul François, Philippe Gruber, Paul Guillermet, Françoise Hahang, Françoise Hamel, Gilles Hugo, Alain Hugon, Stéphane Jarny, Jacqueline Jouault, Daniel Lamac, Claude Lambert, Daniel Larue, Frédéric Leleu, Pascal Lemoigne, Laurent Lemut, André Lepenuizick, Dominique Lisette, Éric Mazlamian, Sabine Mignot, Michel Minot, Françoise Mollet, Philippe Noblemaire, Jean-Michel Racaud, Suzy Rangel, Francis Robin, Rémy Robin, Gérard Ronco, Hélène Rossi, Georges Saleh et Marc Strens, Cécilia Sebaoun, Shitty, Alain Sitrouk,

Serge Sommier, Sandrine Soulat, Ted Tarricone, Dominique Thauvin, Brigitte Thierry-Mieg, Fabrice Tombel, Anne-Marie Ventura-Droga, Robert Wagner, Hmzaros Yosmayan, Chrystel Zoz.

Un grand merci à Claude Contamine, mon premier patron, qui m'a permis d'accéder il y a plus de vingt ans au magique Studio Gabriel, à deux pas des Champs-Élysées. Merci aussi à Jules Pichot, à qui je pense souvent, et à toutes les équipes de Potel et Chabot.

Merci enfin aux équipes de Robert Laffont, derrière mon amie de toujours Nicole Lattès, avec une mention particulière pour une Normande comme moi, Françoise Delivet, dont le regard pointu sur le manuscrit m'a été si précieux.

Table

Cet ouvrage a été composé et imprimé par

FIRMIN DIDOT

GROUPE CPI

Mesnil-sur-l'Estrée

pour le compte des Éditions Robert Laffont
24, avenue Marceau, 75008 Paris
en octobre 2007

Imprimé en France
Dépôt légal : novembre 2007
N° d'édition : 48212/01 – N° d'impression : 87054